Intégrer et manager la génération Y

- Attirer cette nouvelle population active, riche d'opportunités
- Adapter l'organisation et les méthodes de l'entreprise pour mieux l'intégrer
- Comprendre ses attentes au travail pour motiver son implication

Julien Pouget

www.vuibert.fr

Collection Lire Agir

Intégrer et manager la génération Y

Par Julien Pouget

ISBN 978-2-311-00151-8

Maquette de couverture : BleuT

Correction, rewriting : Camille Sotiaux

Responsable éditoriale : Caroline Roucayrol

Table des matières

Remerciements

Cet ouvrage n'aurait pas été possible sans les conseils ou avis des personnes suivantes, à qui je tiens à exprimer tous mes remerciements :

- David Bizer, ancien responsable de recrutement (Google) ;
- Franck La Pinta, responsable marketing marque employeur (Société Générale) ;
- Élisabeth Morhange, traductrice ;
- Sophie Deroubaix, responsable RH (Eiffage) ;
- André Daubard, ancien militaire et philosophe.

Une dédicace toute particulière à nos familles et amis pour leur soutien et leurs encouragements.

Introduction

En 2007, une grande entreprise décide de sonder la motivation et les aspirations de l'ensemble de ses salariés. Elle fait appel pour cela à une équipe de consultants qui élabore et administre un questionnaire couvrant de très nombreux thèmes : rémunération, relation avec le management, sentiment d'appartenance, etc.

Une série de questions concernait plus spécifiquement l'avenir de l'entreprise, l'une d'elles invitant les salariés à répondre à la question suivante : « Avez-vous l'intention de faire toute votre carrière dans l'entreprise ? »

Les salariés de cette entreprise bénéficiant d'une stabilité d'emploi et de conditions de travail avantageuses, le DRH était assuré d'obtenir un oui franc et massif. Et ce fut globalement le cas. Une majorité de salariés (61 %) étant « tout à fait d'accord » ou « plutôt d'accord » avec l'idée de faire l'ensemble de sa carrière dans l'entreprise. Toutefois, le DRH fut étonné par le score élevé des réponses négatives (15 %) et des indécis (24 %), qui une fois additionnés, regroupaient tout de même près de quatre salariés sur dix.

Par acquis de conscience, il demanda une analyse statistique plus poussée aux consultants pour savoir à quelles « catégories » (cadres, employés, agents d'exécution, etc.) appartenaient ceux qui avaient répondu négativement. Après de multiples recherches, les « coupables » furent démasqués. Il s'agissait des jeunes âgés de 18 à 29 ans. Ces derniers, à l'inverse de leurs aînés, étaient majoritairement réservés à l'idée de faire toute leur carrière dans l'entreprise.

Cette nouvelle déclencha une certaine inquiétude auprès du DRH. Avec une pyramide des âges en forme de champignon, il avait déjà dû mener de coûteuses campagnes de recrutement en prévision des prochains départs en retraite et commençait maintenant à se poser des questions. S'était-il trompé dans les cibles de recrutement ? Aurait-il fallu recruter moins de cadres ? Plus de seniors ? Et surtout, quel était le problème avec ces jeunes ? N'avaient-ils pas trouvé une place en or, bien payée et à l'abri du chômage ?

Pour en avoir le cœur net, le DRH entreprit de se mettre dans la peau des jeunes salariés et commanda une étude spécifique aux consultants pour savoir comment les jeunes avaient répondu à l'ensemble des questions de l'enquête. Après investigation, il apparut que les jeunes n'étaient pas révoltés, mais simplement qu'ils ne trouvaient pas, dans l'entreprise actuelle, des éléments de nature à les fidéliser. Il ne s'agissait pas tant de la rémunération que de la gestion de leur carrière, cette dernière étant perçue comme opaque et accordant une importance prépondérante à l'ancienneté et au réseau de connaissances internes. De leur point de vue, la performance n'avait pas grand-chose à voir avec les promotions et l'important était avant tout de « connaître du monde » et d'avoir l'ancienneté suffisante.

Après un moment de colère sur le thème « De toute façon, les jeunes sont tous des mercenaires », le DRH comprit, statistiques à l'appui, que les jeunes n'étaient pas plus infidèles, mais que leur fidélité n'était pas acquise « par défaut ». Il lança donc ses équipes sur un chantier « fidélisation jeunes » pour identifier les éléments de nature à s'attacher les jeunes recrues. Un dispositif spécifique relatif à l'évaluation et au suivi des jeunes fut mis en place. Après deux ans d'expérience, les statistiques parlaient d'elles-mêmes. Le *turnover* des jeunes était particulièrement bas et le DRH était fier d'afficher la baisse du budget recrutement de l'entreprise.

Voici un exemple de problématique liée à l'arrivée des nouvelles générations sur le marché du travail. Qui sont ces jeunes qui désorientent les managers et les ressources humaines ? Quelles sont les clés pour les attirer, les manager et les fidéliser ?

C'est à toutes ces questions que nous tenterons de répondre dans cet ouvrage.

Première partie

PRÉAMBULE

« La nouvelle génération est épouvantable.
J'aimerais tellement en faire partie. »

Oscar Wilde, écrivain irlandais (1854-1900)

Chapitre 1

COMPRENDRE L'APPROCHE GÉNÉRATIONNELLE

I. QU'EST-CE QU'UNE GÉNÉRATION ?

Bien que difficile à appréhender, la notion de génération est couramment utilisée par les sociologues ou les démographes dans leurs études. Dans les deux cas, l'idée est d'étudier des « cohortes » de personnes nées sur des périodes proches pour discerner des tendances de fond. Ces tendances peuvent concerner des éléments factuels (hausse de la natalité, augmentation de l'espérance de vie) ou des questions sociétales (distribution des richesses, création des élites, mixité, etc.).

La sociologie générationnelle part d'un principe simple : il existe, au-delà des spécificités individuelles, un fond commun qui relie les individus nés sur des périodes proches. Ce fond commun provient du contexte (politique, économique, technologique) dans lequel ont grandi ces cohortes. Les générations sont ainsi façonnées par les événements, les leaders, les développements et les grandes tendances qui interviennent durant l'enfance et l'adolescence. Si l'on prend l'exemple des baby-boomers, nés après la Seconde Guerre mondiale, on peut sans grand risque imaginer que leur jeunesse a été marquée par la Guerre froide, Mai 68, les premiers pas sur la Lune ou la musique rock. Certains événements sont d'ailleurs à ce point marquants qu'ils sont repris pour désigner une génération entière. En France, on parle souvent des « soixante-huitards » pour parler des baby-boomers qui étaient étudiants en 1968. De même, aux États-Unis, on utilise parfois le terme de *Generation G.I.* pour désigner les personnes nées entre 1901 et 1924 qui furent nombreuses à combattre dans l'armée américaine à l'occasion de la Seconde Guerre mondiale.

Période charnière de la construction de l'individu, la jeunesse est le temps où il se socialise, construit sa « vision du monde » et son système de valeurs. Le postulat de la sociologie est de considérer que l'« empreinte générationnelle », acquise durant cette période, influence par la suite les comportements et les choix des individus dans leur vie personnelle et professionnelle.

En pratique, les sociologues considèrent qu'une nouvelle génération fait son apparition à peu près tous les vingt ans[1]. Même si les noms et les années de naissance peuvent varier d'un auteur à l'autre, une majorité d'experts s'accorde pour dire que quatre grandes générations coexistent aujourd'hui en France :

- les traditionalistes (nés entre 1922 et 1944) ;
- les baby-boomers (nés entre 1945 et 1964) ;
- les membres de la génération X (nés entre 1965 et 1977) ;
- les membres de la génération Y (nés entre 1978 et 1994).

Avant de nous intéresser en détail aux membres de la génération Y, il paraît intéressant de présenter un rapide portrait des générations précédentes en suivant ce qu'il est convenu d'appeler la chronologie des générations (cf. frise ci-dessous).

II. L'ORDRE CHRONOLOGIQUE DES GÉNÉRATIONS

Les quatre grandes générations du XXe siècle

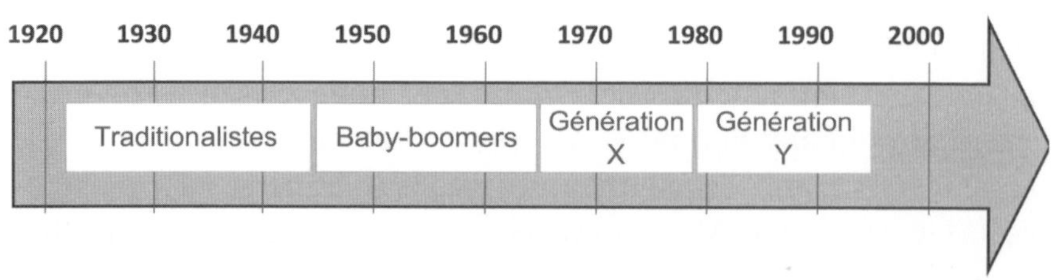

1. William Strauss et Neil Howe, *Generations : The History of America's Future* (1992), William Morrow, 31 décembre 1998.

A. Les traditionalistes (nés entre 1922 et 1944)

Aujourd'hui âgés de 65 à 85 ans, les traditionalistes sont généralement les parents des baby-boomers et les grands-parents des membres de la génération Y. Ils sont aujourd'hui en retraite pour la quasi-totalité.

En 1951, un article du magazine *Time*[1] baptise cette génération du nom de « génération silencieuse ». La jeunesse de l'époque est alors décrite en ces termes : « [...] Elle attend que la main du destin tombe sur ses épaules, travaillant dur en attendant et ne s'exprimant quasiment pas. Le trait le plus caractéristique de cette génération est son silence. À de rares exceptions près, la jeunesse n'est jamais près des tribunes. En comparaison avec la jeunesse flamboyante de leurs parents, la jeune génération d'aujourd'hui est encore une petite flamme. Elle ne prend pas part aux manifestes, ne fait pas de déclarations et ne colle pas d'affiches. On l'appelle la génération silencieuse. »

Sur le plan économique, leur jeunesse est marquée par la grande crise économique de 1929 et ses suites désastreuses (faillites en chaîne, montée du chômage, etc.). Les commentateurs diront qu'ils sont les « enfants de la grande dépression ».

Le contexte politique dans lequel ils grandissent est assombri par la guerre. Beaucoup d'entre eux ont un père qui a combattu lors de la Première Guerre mondiale et leur jeunesse est marquée par l'éclosion de la seconde. Même si une part importante d'entre eux échappe à la mobilisation en raison de leur jeune âge, tous sont touchés par les conséquences du conflit (décès, destructions, rationnement, etc.).

En dépit de son surnom de « génération silencieuse », elle jouera un rôle décisif dans le mouvement pour les droits civiques aux États-Unis avec des personnalités marquantes comme Martin Luther King ou Malcom X.

La voix de cette génération sera également portée par d'excellents artistes. On pense notamment aux grands musiciens comme Bob Dylan, Jimi Hendrix ou Elvis Presley, mais également aux acteurs

1. *Time*, 5 novembre 1951.

et aux cinéastes tels que Jack Nicholson, Clint Eastwood ou Woody Allen, tous membres de cette génération.

Point notable, les jeunes de l'époque grandissent sans télévision et la radio constitue une des distractions préférées.

B. Les baby-boomers (nés entre 1945 et 1964)

Directement associée à la hausse des naissances de l'après-guerre, cette génération est la plus nombreuse du xxe siècle. Les baby-boomers ont aujourd'hui entre 45 et 64 ans et comptent seize millions d'individus en France et plus de soixante-quinze millions aux États-Unis. Ce sont le plus souvent les parents de la génération Y.

Les baby-boomers grandissent dans un contexte politique marqué par la décolonisation, la Guerre froide et le début de la construction Européenne. À l'inverse de leurs aînés, les boomers ont la chance de ne pas connaître de conflit mondial.

Cette génération bénéficie d'un développement très important de l'éducation. En France, entre 1960-1961 et 1967-1968, le nombre d'étudiants passe de 220 000 à 514 000[1]. Ce développement de l'éducation favorise, notamment, les femmes qui accèdent progressivement à des sphères traditionnellement réservées aux hommes. Ces nombreux étudiants feront entendre leur voix au cours des mouvements de révolte de Mai 68. Caractérisés par un rejet des « carcans » de la société traditionnelle et par la remise en cause du pouvoir en place, ces mouvements s'étendront ensuite à d'autres milieux. Avec le recul, les slogans témoignent de l'idéalisme des jeunes de l'époque et de leur volonté de transformer le monde. Citons pour mémoire quelques slogans célèbres : « Les frontières, on s'en fout », « Il est interdit d'interdire », « Je décrète l'état de bonheur permanent », « La marchandise, on la brûlera », « Jouir sans entraves ».

Sur le plan culturel, on peut noter l'influence de la musique rock (Beatles, Rolling Stones) que les jeunes écoutent sur leur transistor.

1. Isabelle Sommier, « Les processus de diffusion des révoltes juvéniles de 68 », *Histoire@Politique : politique, culture, société n° 6*, septembre-décembre 2008, www.histoire-politique.fr.

C'est également souvent par ce biais qu'ils apprendront les événements historiques suivants : l'assassinat du Président J.F. Kennedy, les premiers pas de l'homme sur la lune et Woodstock.

Au plan économique, les baby-boomers bénéficient d'un contexte économique très favorable. L'année 1945 marque en effet le début d'un cycle de prospérité exceptionnel, les Trente Glorieuses, qui durera jusqu'au premier choc pétrolier de 1973. Cette période est caractérisée par un plein emploi et une grande facilité d'insertion professionnelle pour les jeunes de l'époque. Le sociologue Louis Chauvel[1] rappelle qu'en 1968 le taux de chômage, dans les deux ans de la sortie des études, est de 4 % (contre 33 % en 1994). Cette vitalité économique se traduit par une élévation du niveau de vie moyen et par le développement d'une consommation « de masse ». La télévision, l'automobile ou le réfrigérateur sont autant de produits phares auxquels accède massivement cette génération. Cette prospérité s'accompagne également d'un développement de l'accès aux soins et d'un allongement de la durée de vie.

La retraite, que les boomers s'apprêtent à vivre, n'a rien de comparable avec celle de leurs parents. Leur espérance de vie est supérieure (d'environ 25 ans[2]) et ils sont en bien meilleure santé. Leurs moyens financiers demeurent importants[3].

C. Les membres de la génération X (nés entre 1965 et 1977)

Popularisée par le sociologue américain Douglas Coupland[4], l'expression « génération X » est utilisée pour faire référence à la génération née après celle du baby-boom entre le milieu des années soixante et la fin des années soixante-dix.

Cette génération est nettement inférieure en taille à celle des baby-boomers et compte près de onze millions de personnes en France. Elle est parfois décrite comme une génération « tampon », coincée entre deux « grosses » générations (les baby-boomers et la génération Y).

1. Louis Chauvel, « Les nouvelles générations devant la panne prolongée de l'ascenseur social », OFCE, janvier 2006.
2. Environ 22 ans pour les hommes et 26 ans pour les femmes.
3. 47 % des revenus disponibles aux États-Unis en 2009.
4. Douglas Coupland, *Generation X: Tales for an Accelerated Culture*, Saint-Martin's Press, 1991.

La génération X grandit dans un contexte politique marqué par la guerre du Vietnam, la fin de la Guerre froide et la chute du mur de Berlin.

Le contexte économique, dans lequel grandissent les X, est difficile. La crise des années soixante-dix, le premier choc pétrolier et l'arrivée du chômage de masse constituent des phénomènes nouveaux auxquels les baby-boomers n'avaient pas été confrontés durant les Trente Glorieuses.

Dans l'entreprise, les membres de la génération X voient leur progression ralentie par la présence massive des baby-boomers aux postes de responsabilité. Ils sont plus souvent « sous-employés » que leurs aînés et gagnent relativement moins d'argent qu'eux au même âge.

Lorsqu'ils évoquent la génération X, les sociologues parlent volontiers du désenchantement et de la désillusion de ses membres. De fait, la jeunesse des X est bercée par l'augmentation des divorces, l'apparition du Sida et le développement de la précarité. Le contraste avec le « sexe, drogue et rock and roll » des baby-boomers est saisissant. Cette désillusion se retrouve dans la musique dominante de l'époque (grunge et punk notamment) où s'exprime le mal-être des jeunes de cette génération. On en perçoit également les effets dans la moindre implication politique de cette génération qui fait part d'une certaine défiance à l'égard des institutions.

Sur le plan technologique, cette génération connaît de véritables révolutions. On peut notamment citer l'apparition de l'ordinateur individuel, le développement des jeux vidéo et les premiers pas d'Internet.

III. LE CONCEPT DE GÉNÉRATION Y

A. Origine

Inventée en 1993 par le magazine américain *Ad Age*, l'expression « génération Y » désigne les personnes nées entre 1978 et 1994. Le nom « Y » provient tout simplement du fait que cette génération est celle qui suit la génération X.

D'autres expressions sont couramment utilisées pour faire référence à cette génération. On parle notamment des « échos boomers », en référence au fait que beaucoup sont des enfants de baby-boomers, ou des « enfants du millénaire » (*Millenials*, en anglais) en lien avec leur date de naissance. Les Américains utilisent également l'expression « *Digital Natives* », pour pointer le fait que ces enfants sont nés avec un ordinateur ou tout simplement les diminutifs « *Gen Y* » ou « *Yers* ».

B. Combien sont-ils ?

La génération Y est la deuxième génération la plus nombreuse du XXe siècle. La raison en est simple : ce pic de natalité correspond à la période durant laquelle les baby-boomers (génération la plus nombreuse) ont commencé à faire des enfants.

Ainsi, en France, la génération Y regroupe environ treize millions de personnes, soit près de 21 % de la population française (exactement 13 192 178 personnes ont vu le jour selon l'Insee entre 1978 et 1994). À titre de comparaison, la génération Y comprend environ soixante-dix millions de personnes aux États-Unis, cent millions en Europe[1] et deux cents millions en Chine.

1. « EU Youth Report », la Commission européenne, avril 2009.

Chapitre 2

LES GRANDES CARACTÉRISTIQUES DE LA GÉNÉRATION Y

En dépit des spécificités propres à chaque individu et des différences liées à la géographie ou à la richesse, il est possible d'identifier quelques grands traits générationnels qui relient les membres de la génération Y.

I. UN RAPPORT ÉTROIT AVEC LES TECHNOLOGIES DE L'INFORMATION ET DE LA COMMUNICATION (TIC)

Cette particularité est à mon avis la plus importante, car elle permet d'expliquer une bonne partie des autres caractéristiques de cette génération.

Comme semblent le montrer la plupart des études, la génération Y mérite son surnom de «génération Internet». Les jeunes, qui en sont issus, sont pour une large part nés dans l'ère numérique et font un usage massif d'Internet dans tous les aspects de leur vie quotidienne et professionnelle. Qualifiés de *Digital Natives* (natifs du numérique) par Marc Prensky[1], ces enfants d'Internet se comportent différemment de leurs aînés, les *Digital Immigrants* (migrants du numérique), pour qui l'entrée dans l'ère du numérique constitue un bouleversement majeur.

1. Marc Prensky, spécialiste des technologies de l'information, *Digital Natives, Digital Immigrants*, MCB University Press, vol. 9, n° 5, octobre 2001.

Quelques études récentes menées en Europe et aux États-Unis permettent de matérialiser ces différences de comportement entre les générations. Ainsi, une étude américaine[1] de l'Institut Pew s'est récemment penchée sur les différences générationnelles concernant l'utilisation d'Internet. Plusieurs points ressortent nettement.

Pour s'informer, les 18-29 ans utilisent désormais autant Internet que la télévision. Cette égalité apparente masque deux tendances majeures pointées par l'étude : un net recul de la télévision (moins onze points en un an) et une envolée d'Internet (plus vingt-cinq points en un an). La projection de ces tendances conduit à penser qu'Internet va rapidement dépasser la télévision comme principale source d'information de la génération Y. Autre point notable, cette montée en puissance d'Internet comme mode d'information concerne essentiellement les jeunes. Toutes générations confondues, la télévision reste en tête (70 %), devançant nettement Internet (40 %) et les journaux (35 %)[2].

Ce décalage générationnel observé pour la télévision se retrouve dans d'autres activités. Ainsi, on apprend que les membres de la génération Y sont nettement plus nombreux (43 %) à lire des blogs que les 55-63 ans (25 %) et qu'ils sont trois fois plus nombreux à créer leur propre blog (21 %). De même, ils sont plus enclins à fréquenter les sites de réseaux sociaux comme Facebook, Myspace ou Linkedin et à se créer des profils sur ces espaces. L'écart relevé est significatif si l'on considère que 67 % des jeunes ont créé un ou plusieurs profils contre seulement 9 % pour la classe d'âge des 55-63 ans.

Qu'en est-il en France ?

Il semble que la situation soit identique si l'on examine la dernière étude du ministère de la Culture parue en 2009[3]. À l'image de la situation américaine, on assiste à un net recul de la durée d'écoute de la télévision chez les jeunes. Cette dernière s'établit en 2008 à 16 heures par semaine pour les 15-24 ans, soit deux heures de

1. « Generations Online in 2009 », Pew Internet & American Life project, 28 janvier 2009.
2. Les personnes pouvaient citer plusieurs sources d'information, ce qui explique le total supérieur à 100 %.
3. Olivier Donnat, *Les Pratiques culturelles des Français à l'ère numérique. Enquête 2008*, La Découverte, 2009.

moins depuis la précédente enquête réalisée en 1997. Cette baisse est d'autant plus remarquable qu'elle ne concerne que les jeunes, la durée moyenne d'écoute étant stable ou en augmentation pour les autres classes d'âges.

Selon Olivier Donnat[1], auteur de l'enquête, le phénomène s'explique par une montée en puissance d'Internet et des « nouveaux écrans » (ordinateurs, consoles de jeux, DVD) auxquels les jeunes consacrent 21 heures par semaine en moyenne. Et de fait, si l'on additionne le temps passé à regarder la télévision au temps consacré à ces « nouveaux écrans », les 15-24 ans sont ceux qui passent le plus de temps derrière un écran (37 heures par semaine).

Utilisation d'Internet à des fins personnelles selon l'âge
(sur 100 personnes de chaque groupe)

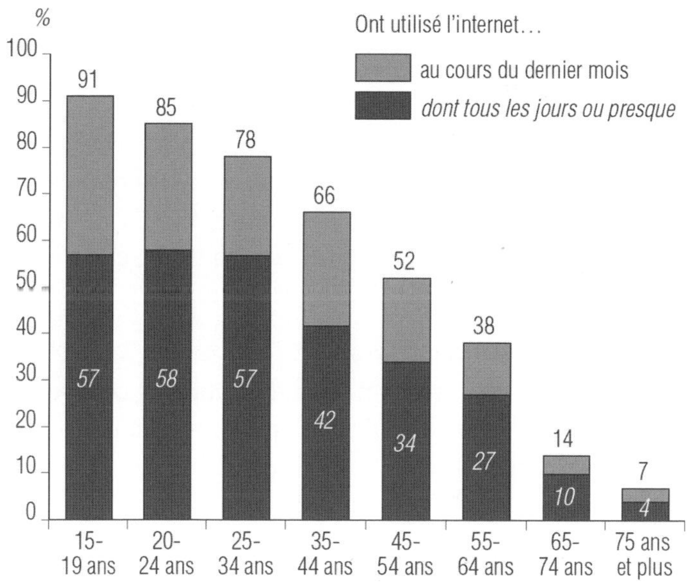

Source : Pratiques culturelles 2008, DEPS, ministère de la Culture et de la Communication, 2009.

1. Ibid.

Durée moyenne d'écoute de la télévision selon l'âge
(sur 100 personnes de chaque groupe)

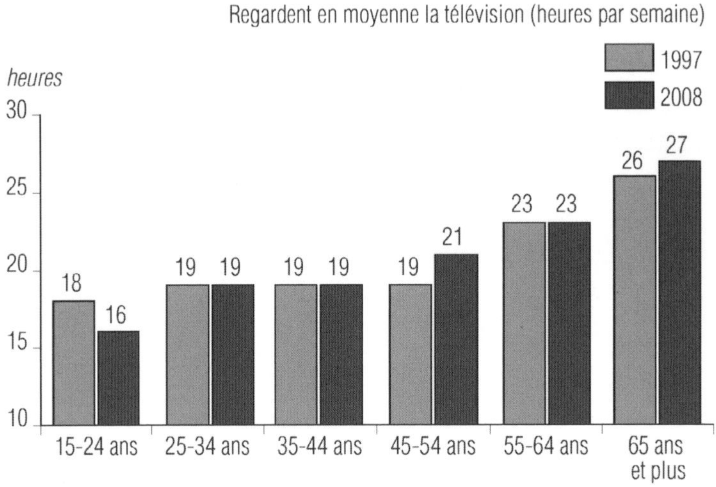

Source : Pratiques culturelles 2008, DEPS,
ministère de la Culture et de la Communication, 2009.

Une question se pose toutefois : les différences observées par ces études sont-elles liées à la différence d'âge ou à la différence de génération ? Autrement dit, la faible consommation de télévision est-elle à mettre sur le compte du jeune âge ou continuera t-elle d'être faible, lorsque les jeunes d'aujourd'hui auront 60 ans ?

Existe-t-il un « effet de génération » ? Déjà menée en 1997, l'étude du ministère de la Culture permet d'effectuer des comparaisons et de répondre par l'affirmative à cette question. L'auteur de l'étude affirme qu'il y a là un véritable « effet générationnel » et que les différences observées sont durables.

Les chiffres de ces études semblent indiquer que les jeunes générations font un usage intensif des technologies lorsqu'il s'agit de s'informer ou de se divertir. Mais, qu'en est-il à l'école ou dans l'entreprise ? Au grand dam de certains de leurs professeurs, les jeunes ne déconnectent pas réellement dans les salles de cours. Un sondage publié en 2009[1], nous apprend que près d'un adolescent sur deux utilise son portable en cours et que 54 % d'entre eux avouent avoir déjà reçu un message ou un appel qui a fait sonner leur téléphone pendant un cours.

En matière de recherche d'emploi, Internet occupe également une place déterminante pour les jeunes. Une étude TNS parue en octobre 2009[2] souligne que 81 % des jeunes diplômés ont eu recours à des sites Internet d'offres d'emploi tels Monster, Cadremploi, etc. Il s'agit du moyen de recherche le plus utilisé, suivi de près par la visite du site Internet des entreprises, cité par 73 % des étudiants interrogés. L'utilisation des sites Internet d'offres d'emploi est par ailleurs considérée par les jeunes diplômés comme le moyen de recherche le plus efficace, loin devant les stages ou la réponse aux annonces de recrutement. Nous reviendrons sur les conséquences du phénomène dans la première partie de l'ouvrage consacrée à l'attraction des jeunes diplômés.

Une fois dans l'entreprise, le goût des Y pour Internet et les TIC ne diminue pas, à la grande frayeur de certains responsables. Ces derniers s'inquiètent d'ailleurs du temps passé par leurs jeunes recrues sur Internet et déplorent ce qu'ils considèrent comme une perte de productivité. De nombreuses sociétés ont déjà mis en place des mesures de blocage pour interdire l'accès à des sites comme Facebook, Twitter ou Myspace. Nous reviendrons sur la gestion des technologies et sur les attitudes que les managers peuvent adopter dans la troisième partie de cet ouvrage consacré au management de la génération Y.

À la lumière de ces différentes études, on peut sans grand risque affirmer qu'un lien très étroit relie les membres de cette génération à Internet et aux TIC. Pour la génération Y, il semble que la technologie fasse partie intégrante du « moi » et que les objets dits « technologiques » s'apparentent à une forme de « moi étendu ». L'usage des technologies est instinctif et s'apparente à la respiration : une action réalisée en continu à laquelle on ne réfléchit pas.

---

1. « Les adolescents, leur téléphone portable et l'Internet mobile », TNS Sofres, octobre 2009.
2. « L'insertion des jeunes diplômés », TNS Sofres, octobre 2009.

Partant de ce constat, la notion de virtualité revêt une signification exactement inverse pour cette génération. Pour eux, le « monde virtuel » est celui dans lequel ils ne peuvent accéder aux moteurs de recherche, aux e-mails et autres messageries instantanées, celui où il est impossible de chercher une définition sur Wikipédia, de repérer un itinéraire, de jouer en ligne, de télécharger, etc.

II. UNE CULTURE DE L'INSTANTANÉITÉ

Nous venons d'observer le lien très étroit qui unit les jeunes générations à Internet et aux TIC. Ce phénomène explique également pour partie le goût de cette génération pour l'instantanéité. En effet, le constat est souvent formulé en des termes identiques par les parents et les employeurs : « Ils veulent tout, tout de suite. »

Et de fait, l'avènement des technologies numériques a habitué ces jeunes à obtenir une satisfaction immédiate. Qu'il s'agisse d'obtenir une information, d'échanger ou de collaborer, les jeunes ont pris l'habitude d'accéder à leurs désirs en quelques clics. Le développement fantastique des capacités de traitement de l'information a favorisé l'émergence d'une culture de l'instant où l'immédiateté devient la norme. Il ne s'agit plus de rechercher une information, mais de la trouver. Le plaisir n'est plus dans le désir, mais dans l'obtention d'un résultat, d'une gratification instantanée.

Le phénomène des *flash mobs* (mobilisation éclair) constitue une bonne illustration de cette culture de l'immédiateté. Les flash mobs se caractérisent par le rassemblement éclair d'un groupe d'individus dans un lieu public pour y effectuer des actions « choc » avant de se disperser. La mobilisation est organisée par Internet et les participants n'ont généralement pas de liens entre eux. Les finalités de ces mobilisations sont très variées. Certaines s'apparentent à des manifestations et ont pour objectif de dénoncer une situation (projet de loi Hadopi), d'autres sont purement burlesques (bataille de polochons, etc.) et font penser aux jeux des surréalistes. Plus récemment, on a pu observer des flash mobs d'hommage à l'occasion du décès de Michaël Jackson. Des centaines d'inconnus ont ainsi repris les chorégraphies de l'artiste en pleine rue devant des passants médusés. La montée en puissance du phénomène dans le monde entier met en lumière deux phénomènes : la puissance des réseaux sur Internet, capables de fédérer en quelques minutes des milliers d'inconnus autour d'une cause, sérieuse ou non, et le goût des jeunes générations pour l'instantanéité. L'adhésion aux *flash mobs* sur Internet se fait en un clic, la mobilisation ne dure que quelques minutes (voire secondes), la réaction des passants est immédiate, comme la dispersion des participants.

Quel regard faut-il porter sur le développement de cette culture de l'instant ?

Vue négativement, cette culture de l'instant rend difficile l'accomplissement de projets qui n'offrent qu'une gratification différée ou hypothétique (à l'exemple de la recherche fondamentale). Elle complexifie l'acquisition de savoirs nécessitant de la patience et une concentration sur la durée. Cette culture du « tout, tout de suite » est également à l'origine de nombreux conflits dans le monde du travail où les jeunes font face à des générations qui n'ont pas grandi dans l'ère du temps réel et qui valorisent spontanément d'autres éléments comme la patience ou l'expérience. Nous y reviendrons en détail dans la troisième partie consacrée au management de la génération Y.

Vue positivement, cette culture du temps réel a augmenté le nombre de tâches que peut accomplir un jeune sur une période donnée. Comme le souligne Don Tapscott[1], plus de choses peuvent se produire dans une minute de la vie d'un jeune de la génération Internet. Au-delà, ce goût pour l'instantanéité constitue un puissant levier de modernisation. Le fait que les jeunes s'attendent à ce que les choses aillent vite exerce une pression forte sur la société et les organisations. La satisfaction rapide ou immédiate devient la norme et tout délai d'attente doit être justifié par un motif valable.

La modernisation en cours des administrations publiques illustre bien le phénomène. Pour de très nombreuses tâches (changement d'adresse, paiement des impôts, consultation d'informations personnelles), l'administration a mis en place de nouveaux processus pour répondre aux nouveaux usages poussés par la géné-

1. Don Tapscott, *Growing Up Digital : The Rise of the Net Generation,* McGraw-Hill, 1998.

ration Internet. L'État a par exemple mis en place un site Internet, www.changement-adresse.gouv.fr, qui permet, en remplissant un seul formulaire en ligne, de signifier simultanément son changement d'adresse à un très grand nombre de parties prenantes (allocations familiales, assurance chômage, assurance maladie, fournisseurs d'énergie, courrier, retraite, impôts, etc.). Le gain de temps et de productivité, évident pour ceux ayant connu l'ancien système, passe souvent inaperçu auprès des jeunes Y qui n'imaginent même pas qu'il puisse exister d'autres façons de faire.

III. UN APPRENTISSAGE PAR L'ACTION

Reprenant la distinction précédemment évoquée entre les *Digital Natives* – enfants nés avec le numérique – et les *Digital Immigrants*, Marc Prensky affirme que les étudiants d'aujourd'hui sont fondamentalement différents de ceux qui les ont précédés. Leur enfance numérique fait qu'ils pensent et gèrent l'information de manière nouvelle.

L'arrivée massive de cette génération de *Digital Natives*, à l'école et dans l'entreprise, met en lumière l'écart grandissant entre le modèle d'apprentissage traditionnel et les nouvelles manières d'apprendre de cette génération.

Dans l'approche traditionnelle, la place accordée à l'apprenant est relativement limitée. La connaissance est diffusée par un « sachant », le professeur, suivant une logique linéaire définie dans des « programmes ». Ces derniers, établis par des spécialistes, prévoient, pour l'ensemble des apprenants, le contenu et l'ordre des concepts à apprendre. On couvrira ainsi tel théorème mathématique avant tel autre, telle période historique avant telle autre, etc. Le rôle de l'élève se résume à un travail de mémorisation et de répétition sous des formes différentes (récitations, interrogations, devoirs, etc.). La communication est « descendante » par nature et à sens unique, du professeur vers l'élève.

Ce modèle traditionnel est aujourd'hui remis en cause par le développement des technologies de l'information et de la communication. Les jeunes *Digital Natives* accèdent désormais à l'information en dehors de l'école et peuvent « piocher » des morceaux de connaissance au hasard de leurs explorations ou suivant un ordre qui leur plaît davantage. L'ordre d'apprentissage fixé par les spécialistes des programmes est plus que jamais menacé. En résumé, on passe d'un mode d'apprentissage « industriel », où les programmes sont identiques pour tous, à un système où l'élève contribue à définir « son » programme d'apprentissage. Au vu d'une (auto) évaluation, l'élève pourra ainsi faire le choix de passer moins de temps sur un concept qu'il maîtrise et se concentrer là où il a des difficultés. On est à mille lieues du « Quand on sait, on se tait » entendu par des générations d'écoliers.

Dans cette nouvelle réalité, la relation avec le professeur est modifiée. Ce dernier passe d'un rôle de transmetteur, qui « enseigne » au sens propre, à un rôle d'animateur et de facilitateur. Le contenu de l'enseignement peut donner lieu à discussion, voire débat avec les élèves.

L'émergence de ce nouveau modèle d'apprentissage présente de nombreux avantages. L'apprenant, placé au cœur du dispositif, devient acteur de son apprentissage. Par conséquent, il est plus facile pour lui de continuer à apprendre tout au long de sa vie, même en l'absence de professeur. L'apprentissage de l'informatique en constitue une bonne illustration. En dépit des évolutions constantes (matériels, programmes, usages), les nouvelles générations sont mieux armées pour gérer ces changements, car elles ont appris à progresser seules dans cette discipline. Ainsi, alors que leurs parents se lancent à la recherche de cours, les jeunes mobilisent d'autres techniques (forums de discussion, wikis, tutoriels gratuit sur Internet) qui leur permettent de continuer à progresser, sans nécessairement faire appel à un professeur. Les jeunes générations capitalisent ainsi sur des communautés où chaque individu détient une part du savoir et endosse alternativement les habits de sachant et d'apprenant.

Comme tous les changements de paradigmes, l'arrivée de ce nouveau modèle d'apprentissage ne va pas sans poser de problèmes. En premier lieu, la difficulté à faire apprendre, en même temps, des personnes de générations différentes. Inexistant lors de la phase de formation initiale, où les apprenants ont tous plus ou moins le même âge, le problème se pose rapidement en entreprise où cohabitent des générations différentes. La difficulté est alors de prévoir une ou plusieurs modalités d'apprentissage qui garantissent la maîtrise d'un socle commun de connaissances par l'ensemble des salariés. Nous reviendrons sur les impacts en matière de formation dans la troisième partie de cet ouvrage consacrée à l'intégration de la génération Y en entreprise (voir chapitre 12, p. 151).

Une autre difficulté réside dans l'écart grandissant entre la façon dont les jeunes apprennent et la façon dont sont réalisés les enseignements. Les situations sont par essence différentes en fonction des professeurs, mais de l'aveu même de certains d'entre eux, il est difficile de faire évoluer des formats de cours qui existent depuis des années, voire des décennies. Ces changements se heurtent parfois à l'évolution moins rapide de la formation des maîtres et des instances de décision de l'éducation.

IV. UNE QUÊTE DE SENS

En évoquant le cas de la génération Y, les Anglo-Saxons jouent volontiers sur les mots et parlent souvent de « génération pourquoi » (*Generation Why*, en anglais). Ceci est dû au fait que, plus que les générations précédentes, la génération Y exprime le besoin de comprendre le pourquoi des situations existantes ou des actions à réaliser.

Ce phénomène est à mettre en rapport avec le développement de l'accès à l'information sous toutes ses formes. Depuis leur enfance, les membres de la génération Y ont eu accès par des moyens variés (télévision, ordinateur, échanges académiques, etc.) à la connaissance d'une pluralité de modèles en matière d'éducation, de styles de vie, de valeurs… Cette connaissance d'autres paradigmes a sans doute encouragé les jeunes Y à comparer et à questionner le bien fondé de leur propre système.

Faut-il voir dans cette propension à questionner une volonté systématique de faire la révolution ou un complexe de supériorité ?

Nous ne le pensons pas. Il s'agit la plupart du temps d'un questionnement sincère qui vise à comprendre le pourquoi d'une situation et à rassurer sur la pertinence du système choisi. La hiérarchie n'est pas morte, mais son concept évolue. Le fait, pour un jeune, de savoir qu'une décision a été prise par une personne hiérarchiquement supérieure n'éteint pas cette soif de justification. Là où leurs aînés pouvaient se satisfaire d'un « Ça vient d'en haut », cette génération ne peut s'empêcher d'interroger la pertinence de la règle et d'en demander la finalité, quitte à la soutenir par la suite.

Dans la sphère professionnelle, les jeunes cherchent à voir en quoi une tâche qui leur est confiée participe à un objectif plus vaste, qui lui-même fait écho ou non à leurs aspirations personnelles. La quête de sens est donc quasi philosophique et l'on peut comprendre qu'elle perturbe des managers qui ont fait leur carrière dans des organisations valorisant le respect des directives et l'atteinte des objectifs définis. Nous reviendrons sur cette quête de sens dans la troisième partie de cet ouvrage consacré au management de la génération Y.

Cet état de fait se retrouve dans la sphère personnelle et dans la modification du rapport parents/enfants. Le déclin du pater familias tout puissant est, certes, lié à un rejet massif du modèle par les baby-boomers, mais il a sans doute été facilité par le comportement d'enfants qui, très tôt, ont questionné le bien-fondé d'une interdiction, demandé le pourquoi d'une règle, etc.

V. UNE GÉNÉRATION MONDIALISÉE

Connectée, en quête de sens et d'instantanéité, la génération Y est également une génération mondialisée. Pour les membres de la génération Y, le « territoire de référence », qui sert à apprécier une situation et à faire des comparaisons, dépasse de plus en plus souvent le cadre national. Plusieurs facteurs expliquent ce phénomène.

Le fabuleux développement des technologies de l'information fait qu'il n'a jamais été aussi facile de savoir ce qui existe ailleurs, sur tous les plans (politique, économique, culturel, technologique, moral, etc.). Dans son ouvrage, *Le Monde est plat*, Thomas Friedman[1] parle d'ailleurs des technologies de l'information comme facteur d'« aplanissement du monde ». L'auteur y voit la base d'une

1. Thomas Friedman, *Le Monde est plat*, Saint-Simon, 2006. Thomas Friedman est chroniqueur au *New York Times*.

nouvelle globalisation fondée non plus sur les États ou les entreprises, mais sur des milliards d'individus interconnectés.

Parmi les autres facteurs qui expliquent l'élargissement de l'« horizon » de cette génération, on peut citer la diminution progressive des frontières. Depuis la chute du mur de Berlin, plusieurs régions du monde ont créé des espaces de libre circulation où il n'est plus nécessaire de disposer d'un visa. L'Union Européenne est allée plus loin en instaurant un principe de liberté d'établissement qui autorise les citoyens à s'établir dans le pays de leur choix et à y exercer une activité économique.

Cette disparition des frontières juridiques s'accompagne aujourd'hui d'une diminution des barrières économiques. Le développement du transport aérien low-cost permet désormais à de nombreux jeunes de traverser les frontières sans se ruiner. La disparition progressive des frontières a également encouragé le développement des programmes d'échanges académiques et l'émergence d'une « génération Erasmus[1] ». Entre 1987-1988, date de création du célèbre programme, et 2006-2007, le nombre de bénéficiaires est passé de 3 244 à plus de 160 000 étudiants par an[2]. Au total, plus de deux millions d'étudiants ont déjà bénéficié de ce programme qui permet de vivre et d'étudier dans un autre pays.

Que l'on s'en réjouisse ou qu'on le déplore, cette mondialisation croissante des nouvelles générations s'accompagne d'une certaine harmonisation culturelle qui profite à la culture américaine, encore dominante. Les effets sont perceptibles dans la dernière étude du ministère de la Culture sur les pratiques culturelles des Français[3]. L'étude met en avant de profondes différences générationnelles en matière de musique ou de cinéma. En simplifiant, les moins de 35 ans plébiscitent la musique et le cinéma d'origine américaine, contrairement à leurs aînés qui préfèrent les films et musiques d'origine française. L'explication donnée à ce sujet par Olivier Donnat est limpide : « [...] Ces résultats traduisent un puissant effet génération-

1. Erasmus est le nom du programme d'échanges interuniversitaires européen le plus connu.
2. « EU Youth Report », la Commission européenne, avril 2009.
3. Olivier Donnat, *Les Pratiques culturelles des Français à l'ère numérique. Enquête 2008*, La Découverte, 2009.

nel : depuis maintenant plusieurs décennies, les jeunes voyagent plus que ne le faisaient leurs aînés, ils sont plus nombreux à avoir vécu à l'étranger, à écouter de la musique anglo-saxonne ou à regarder des séries américaines en version originale. Bref, ces générations ont eu accès précocement à la culture américaine sous toutes ses formes [...] et ont grandi dans des univers culturels largement globalisés où la langue anglaise règne en maître. Dès lors, comment s'étonner que leur rapport à la production française soit différent de celui de leurs aînés ? »

Quelles conséquences cela a-t-il pour l'entreprise ? Cette mobilité « naturelle » constitue un atout considérable pour les entreprises qui évoluent souvent dans un marché mondialisé. Qu'il s'agisse d'exporter ou de s'implanter à l'international, les entreprises bénéficieront de cette grande adaptabilité de la génération Y. Nous y reviendrons plus en détail dans la troisième partie de l'ouvrage consacré au management de la génération Y.

Chapitre 3

« OUI MAIS... »

L'utilisation de grilles de lecture générationnelles suscite souvent du scepticisme, voire des oppositions. Les objections formulées, souvent de bon sens, méritent une réponse.

I. « JE CONNAIS QUELQU'UN QUI NE CORRESPOND PAS AU "PROFIL" DE SA GÉNÉRATION »

La sociologie classe les individus en générations (baby-boomers, génération X, génération Y, etc.) en se basant sur l'âge. L'idée est d'étudier des cohortes de personnes nées sur des périodes proches pour discerner des tendances de fond.

L'âge est ici une donnée d'entrée qui sert pour une analyse au niveau macro. Les tendances générationnelles obtenues ne sont que des tendances générales. Elles ne servent pas à expliquer ou à prédire le comportement d'un individu pris isolément, mais constituent une grille d'analyse intéressante pour comprendre un groupe.

Il est donc normal de connaître des personnes qui ne correspondent pas du tout aux grandes tendances de leur génération (personne âgée surdouée de l'informatique, jeune refusant d'avoir un téléphone portable, etc.). Ces contre-exemples ne remettent pas en cause l'analyse générationnelle, mais viennent rappeler que la tendance n'est qu'une tendance. Au même titre que le « Français moyen », même s'il n'existe pas réellement, reste une construction intellectuelle intéressante pour comprendre la société française.

II. « JE N'APPARTIENS PAS À LA GÉNÉRATION Y, MAIS J'AI LES MÊMES ATTENTES QU'EUX »

À l'énoncé des grandes caractéristiques de la génération Y (goût pour les technologies, nouveau rapport à l'autorité) ou de ses attentes vis-à-vis du marché du travail (équilibre vie privée/vie professionnelle), il est très fréquent qu'une personne d'une autre génération objecte en disant qu'elle entretient des attentes identiques.

Une nouvelle fois, il faut rappeler que les grandes caractéristiques générationnelles ne sont que des moyennes collectives et qu'il est tout à fait possible qu'une personne se reconnaisse dans le descriptif d'une autre génération. Par ailleurs, il n'est pas rare, lorsque l'on demande aux personnes d'expliciter le sens de concepts, comme l'« équilibre vie privée/vie professionnelle », de retrouver des différences entre les générations. Et de fait, il est logique que des concepts comme l'autorité ou l'équilibre vie privée/vie professionnelle ne revêtent pas le même sens pour un jeune diplômé que pour un cadre expérimenté proche de la retraite.

III. « C'EST UNE MODE, CELA PASSERA »

Le thème de la génération Y est à la mode. De nombreuses conférences et colloques lui sont consacrés et des praticiens de tous horizons (marketing, ressources humaines, enseignement, etc.) s'y intéressent. Les magazines économiques se font également l'écho de cet intérêt et consacrent de nombreux articles au sujet. Au vu de cet engouement, certains observateurs se demandent si le thème recouvre de réels enjeux ou si ce dernier n'est qu'une mode passagère.

Comme nous le détaillerons dans le chapitre 4, les enjeux liés à l'intégration de cette génération dans l'entreprise sont majeurs. Qu'il s'agisse de préparer la relève, d'assurer la transmission des savoirs de l'entreprise ou de trouver les futurs dirigeants, la question de la compétitivité de l'entreprise est presque toujours en jeu.

Par ailleurs, et contrairement aux modes, le thème est porté par des réalités factuelles indiscutables : départs en retraite massifs des baby-boomers, arrivées en nombre de la génération Y sur le marché du travail, cohabitation entre les générations dans l'entreprise.

Deuxième partie

ATTIRER

« Il est facile de recruter mille soldats,
mais il est difficile de trouver un général. »

Proverbe chinois

Chapitre 4

ATTIRER, EST-CE BIEN NÉCESSAIRE ?

Ce titre provocateur fait écho à un certain immobilisme des entreprises en matière d'attraction des jeunes. Dans un premier temps, nous examinerons les raisons de cette attitude avant de nous intéresser aux enjeux liés à l'intégration des jeunes dans l'entreprise.

I. LES FACTEURS D'IMMOBILISME

Lorsque vous interrogez un DRH, ou un dirigeant, sur sa stratégie pour attirer de nouvelles recrues, il n'est pas rare que la conversation tourne court. Pour justifier l'absence ou l'inutilité d'une telle démarche, les intéressés mettent en avant différents arguments qu'il convient d'analyser de plus près.

A. La crise économique

À l'heure où nous écrivons, la mauvaise conjoncture économique est le principal argument invoqué pour justifier l'inutilité d'un dispositif d'attraction à destination des jeunes. Devant la dégradation des conditions de marché, les responsables RH sont fortement incités par leur hiérarchie à contribuer à l'effort de réduction des coûts et notamment de la masse salariale. Une part importante de leur temps est alors consacrée à l'élaboration de plans sociaux ou à la négociation de départs volontaires.

Cas pratique

Le prix à payer lorsqu'on gèle les embauches : le cas du BTP dans les années quatre-vingt-dix

Geler les embauches en période de crise est un réflexe répandu. Mais quels sont les effets d'une telle politique ? Pour y répondre, le plus simple est d'observer les résultats des entreprises qui l'ont pratiqué dans le passé. Avec l'explosion de la bulle immobilière, le secteur du bâtiment a connu dans les années quatre-vingt-dix l'une des plus graves crises de son histoire. Confrontées à l'époque à l'effondrement des prix et des commandes, de nombreuses entreprises licencient. Au global, le secteur perdra 159000 emplois salariés sur la période 1990-1997.

Les entreprises qui échappent à la faillite revoient sérieusement à la baisse leurs plans de recrutement. En pratique, le recrutement de jeunes collaborateurs est souvent gelé et les dispositifs de relations écoles sont mis en sommeil.

Le recul nous permet de bien apprécier les effets néfastes d'une telle politique :

- **Des difficultés à recruter lors du retournement de la conjoncture –** Une fois la crise terminée, le bâtiment a connu une très forte tension sur le recrutement. Le secteur a enregistré 179 000 créations d'emplois sur la période 1998-2005 et les entreprises ont eu les plus grandes difficultés à recruter. Les profils expérimentés étant rares, les entreprises se sont livrées une (coûteuse) guerre pour débaucher et fidéliser ces derniers. Quant aux jeunes, laissés de côté par les entreprises du secteur pendant plusieurs années, ils connaissaient peu les métiers du BTP et en avaient généralement une image très négative.
- **Un « trou » problématique dans la pyramide des âges –** Cette rareté de profils expérimentés engendre également un impact sur le niveau d'encadrement. Les jeunes, qui intègrent aujourd'hui les entreprises de BTP, peuvent rarement compter sur l'appui d'un manager expérimenté. C'est donc souvent « à la dure » que les nouveaux embauchés découvrent la vie du chantier, avec tous les effets négatifs que l'on peut imaginer sur la fidélisation et l'image du secteur.

Dans ces conditions, l'idée même de travailler sur l'attractivité de l'entreprise semble décalée. Les discours des dirigeants sont alors souvent teintés de procrastination : « On se préoccupera d'attirer et de recruter quand la crise sera passée », peut-on souvent entendre. D'autres enfoncent le clou et ajoutent « Ma priorité, c'est l'opérationnel ». Au travers de ce type de remarque, on devine une vision assez négative de la fonction RH, perçue comme un centre de coûts et déconnectée des enjeux opérationnels.

Dans cette conception, le rôle des ressources humaines se réduit à sa plus simple expression : « fournir des bras » rapidement quand la conjoncture est bonne et aider à s'en séparer lorsqu'elle devient mauvaise.

En pratique, cet attentisme lié à la crise se traduit souvent par un gel du recrutement de jeunes diplômés et un arrêt des dispositifs d'attraction (communication RH, relations avec les écoles, etc.). Les entreprises se coupent alors progressivement de l'extérieur : les stagiaires ne sont plus prolongés en CDD et les CDD ne se transforment plus en CDI.

La gestion du capital humain rejoint la gestion des stocks : *last in, first out* (« dernier arrivé, premier parti »). Ainsi, en France, entre juin 2008 et juin 2009, le nombre de chômeurs a progressé de 18,7 % en moyenne, mais de 42 % chez les jeunes hommes de moins de 25 ans.

B. Le chômage des jeunes

En simplifiant à l'extrême, l'argument se résume dans cette question : pourquoi dépenser de l'énergie et des budgets pour attirer les jeunes, alors que ces derniers connaissent un niveau de chômage élevé ? Et de fait, le niveau de chômage des jeunes diplômés atteint des sommets en Europe en général et en France en particulier, comme le montre l'encadré page suivante.

Dans ces conditions, les entreprises ont parfois le sentiment d'être en position de force face aux jeunes diplômés. À en croire certains responsables, la « guerre des talents » est morte, emportée par la crise, et ce sont les jeunes qui se disputeront le privilège de rejoindre leur entreprise. La conséquence est évidente selon eux : il n'y a rien de particulier à faire pour améliorer l'attractivité de l'entreprise auprès des jeunes.

À SAVOIR

Les chiffres du chômage des jeunes

Au premier semestre 2009, cinq millions d'Européens âgés de 15 à 24 ans étaient sans emploi. Le taux de chômage des jeunes au sein de l'Union Européenne atteint 18,3 % contre 9,8 % pour l'ensemble de la population.

À une exception près, tous les États de l'Union Européenne ont connu une hausse du taux de chômage des jeunes entre le premier semestre 2008 et le premier semestre 2009. Les pays les plus touchés sont l'Espagne (33,6 %), la Lettonie (28,2 %), l'Italie (24,9 %), la Grèce (24,2 %), la Suède (24,2 %), la France (22,3 %) et la Belgique (21,3 %).

Aux États-Unis, les jeunes diplômés sont également très touchés par la montée du chômage. Seuls 46 % des 16-24 ans étaient en activité en septembre 2009, soit le plus bas niveau depuis que le gouvernement a commencé à comptabiliser, en 1948.

Et la France ?

Avec un taux de 22,3 %, la France fait partie des pays les plus concernés. L'étude 2009 de l'Association pour l'emploi des cadres (APEC) nous apprend que près d'un tiers des jeunes diplômés en 2008 est encore en recherche d'emploi.

Que peut-on répondre à ces responsables ?

L'indicateur du chômage des jeunes est un mauvais indice pour apprécier le rapport entre l'offre et la demande sur le marché du travail. Le chiffre, utile au niveau macro-économique, masque plusieurs réalités.

- **La guerre des talents est d'abord sectorielle** – En dépit d'un chômage des jeunes élevé, de nombreux secteurs connaissent, ou vont connaître, des tensions en matière de recrutement. Ces difficultés de recrutement sont liées à la pyramide des âges, mais également au dynamisme du secteur. Si l'on prend l'exemple du secteur de l'énergie, les entreprises sont victimes de ce double effet : elles vont devoir remplacer des départs en retraite très nombreux (près d'un actif sur deux, selon l'Insee) dans un contexte de forte concurrence sur les mêmes profils. Leurs cibles de recrutement, les ingénieurs essentiellement, sont donc très nettement en position de force.

- **Et même si le secteur est sinistré** – La tentation est grande pour les recruteurs de certains secteurs en déclin – l'industrie notamment – de considérer qu'ils sont en position de force face aux candidats. C'est oublier que les meilleurs profils ont deux atouts en main : d'une part ils restent convoités par l'ensemble des entreprises de leur secteur, et d'autre part ils peuvent changer de secteur. Un jeune ingénieur brillant, qui postule pour un géant de l'aéronautique, peut aussi « se vendre » dans une banque ou un cabinet d'audit. Dans ces conditions, essayer de lui imposer des conditions d'embauche défavorables, au prétexte que le secteur connaît des difficultés, est un pari risqué.

En conclusion :

- Il est périlleux de raisonner en termes de rapport de forces sur la base d'un indice aussi générique que le taux de chômage des jeunes.
- Les recruteurs ont bien donc tout à gagner à développer leur connaissance du secteur et à segmenter précisément leurs cibles de recrutement.
- Même en période de crise, il est impératif de continuer à travailler sur l'attractivité de l'entreprise.

C. Le complexe de supériorité

Indépendamment de la conjoncture économique, certaines entreprises pensent bénéficier, par leurs marques ou leurs produits, d'une attractivité aussi forte qu'éternelle. Le discours de leurs responsables RH dénote alors un léger complexe de supériorité : « On reçoit déjà plusieurs centaines de CV par jour », peut-on entendre, ou encore, « J'ai déjà un vivier de plusieurs milliers de noms. »

À en croire les recruteurs, les étudiants se pâment à la simple évocation du nom de l'entreprise et il est inutile de faire quoi ce que soit pour les attirer. Ces entreprises sont confortées dans leur position par les très nombreux classements du type « les employeurs préférés des étudiants » qui leur attribuent généralement un classement d'excellence.

Autre phénomène notable dans ce cas, la communication à l'égard des jeunes est très autocentrée. Les chargés de relations écoles vantent avant tout les produits de la marque et sa notoriété, et passent peu de temps à évoquer des sujets comme l'intégration ou le développement des compétences.

Que peut-on répondre à ces entreprises ?

Il faut garder à l'esprit que la popularité est une donnée provisoire par nature. La meilleure illustration de ce phénomène est peut-être Google. Encore inconnu des étudiants il y a dix ans, Google s'est positionné en quelques années au sommet de la plupart des classements d'employeurs. Cet exemple montre la rapidité avec laquelle la popularité d'une entreprise peut évoluer, à la hausse comme à la baisse. En effet, il ne faut pas perdre de vue qu'en se hissant sur le podium très rapidement, Google a pris la place d'une autre entreprise.

Indicateurs traditionnels d'attractivité	Autres indicateurs à considérer
Nombre de CV reçus par annonce Nombre de profils dans la CVthèque Ratio de remplacement (Nombre d'arrivées/Nombre de départs) Taux de départs volontaires (Nombre de démissions, mutations/ Nombre de départs)	Nombre de candidatures provenant de la cooptation (les salariés – actuels ou anciens – sont-ils positifs lorsqu'ils parlent de l'entreprise ?) Nombre de candidatures reçues sur des fonctions jugées critiques par l'entreprise Nombre de périodes d'essai rompues à l'initiative du collaborateur Taux d'acceptation des propositions d'embauche et de stage Niveau de fréquentation du site emploi

Par ailleurs, une fois intégrés, les jeunes collaborateurs ont un niveau d'attente d'autant plus fort que l'employeur se vante de figurer parmi les meilleurs de la place. Le risque de déception des jeunes est donc très fort si l'entreprise se contente de miser sur sa notoriété sans mettre en place de réels dispositifs d'intégration et de fidélisation. Enfin, on ne peut qu'inciter ces entreprises à pousser leur réflexion un peu plus loin. L'entreprise attire, c'est bien. Mais attire-t-elle les profils dont elle a le plus besoin ? Combien sont encore là, après cinq ans ? Quel est le coût de ce *turnover* ?, etc. Les indicateurs d'attractivité méritent probablement d'être retravaillés.

II. LES ENJEUX LIÉS À L'INTÉGRATION DES JEUNES DANS L'ENTREPRISE

A. Préparer la relève

La prévision de l'Insee est claire : un tiers des personnes en emploi en 2005 aura définitivement quitté le marché du travail en 2020. L'Insee souligne que « les seniors âgés de 50 à 64 ans sont chaque année de plus en plus nombreux à se retirer définitivement du marché du travail » et précise que le phénomène durera jusqu'en 2020. Pour mesurer le phénomène, l'Insee utilise un indicateur appelé « taux de retrait », qui indique le pourcentage de personnes ayant un emploi en 2005 qui ne seront plus là en 2020.

En dépit d'importantes disparités en fonction des secteurs d'activité et des professions (cf. encadré page suivante), les départs des seniors seront massifs et vont bouleverser les entreprises à plus d'un titre.

En résumé, les entreprises devront relever un double défi au cours la prochaine décennie : organiser le départ de leurs collaborateurs expérimentés et réussir à attirer et intégrer de nouveaux talents.

B. Transmettre les savoirs de l'entreprise

L'une des idées reçues les plus répandues en entreprise est celle qui consiste à penser que les connaissances des salariés actuels vont naturellement se transmettre aux nouveaux venus. De plus, les gains de productivité liés à l'informatique et à l'industrialisation des métiers entretiennent l'idée que le savoir des entreprises est largement formalisé et que sa transmission aux nouvelles générations ne sera qu'une formalité.

ZOOM

Départs en retraite : les secteurs et professions les plus touchés

Taux de retrait par secteur d'activité entre 2005 et 2020

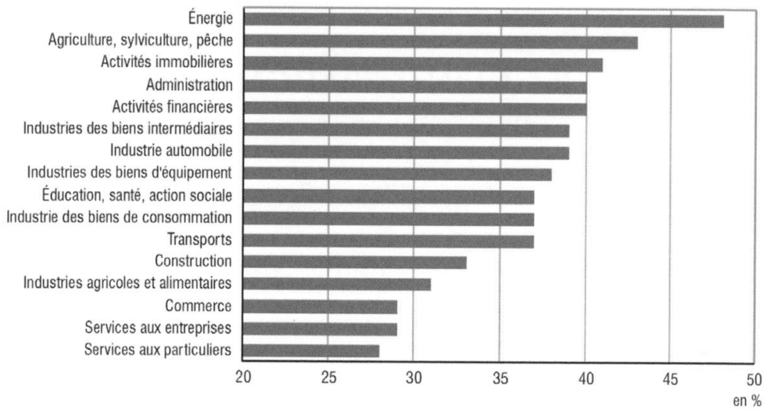

Les métiers les plus concernés par les départs en retraite

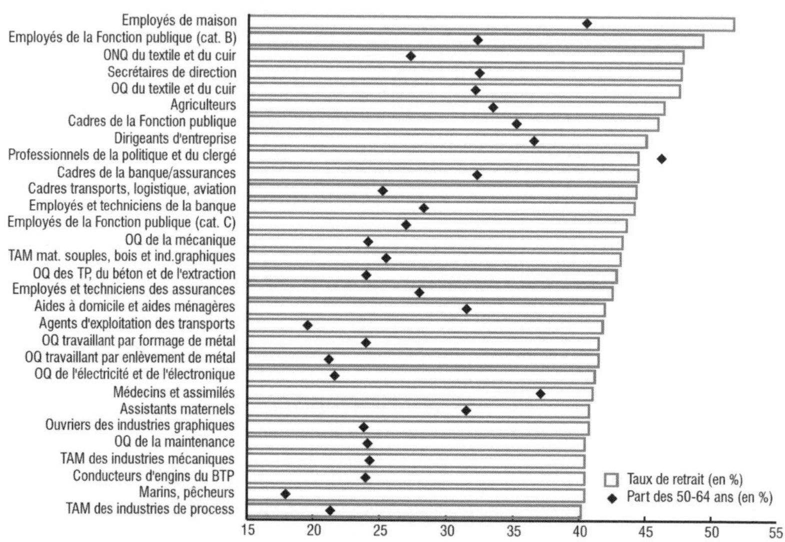

Note : les termes OQ et ONQ désignent les ouvriers qualifiés/non qualifiés ; les TAM sont les techniciens et agents de maîtrise.
Champ : France métropolitaine.

Sources : Insee, enquêtes annuelles de recensement 2004, 2005, 2006 et 2007 – Modèle de microsimulation Insee.

Partant de ce principe, les entreprises se limitent parfois à une approche quantitative du renouvellement générationnel. Pour un métier fortement concerné par les départs en retraite, les entreprises auront tendance à penser qu'il suffit d'ajuster à la hausse les recrutements prévus pour ce métier. La question de la transmission effective des savoirs n'est que rarement posée. La réalité est plus inquiétante : de nombreuses connaissances, souvent informelles, risquent de disparaître avec le départ des salariés actuels.

Importante en temps normal, la question de la transmission des savoirs prend une autre dimension avec le renouvellement générationnel en cours. Il s'agit de transmettre la masse des savoirs accumulés par l'entreprise en un temps limité – les départs sont programmés – à de nouvelles générations de collaborateurs.

Pour de nombreux secteurs comme l'assurance, la banque ou l'énergie, où les départs seront massifs, on peut sans grand risque affirmer que le transfert des savoirs est un enjeu de compétitivité majeur pour les entreprises.

Zoom

Transmettre l'histoire de l'entreprise avec le *storytelling* : l'exemple de la NASA

La célèbre agence spatiale américaine présente une pyramide des âges en forme de champignon. La raison en est simple : la grande majorité des collaborateurs actuels ont rejoint l'entreprise dans les années soixante-dix, après avoir été marqués par les premiers pas de l'homme sur la lune en 1969. Ainsi, en 2009, les collaborateurs de moins de 40 ans ne représentaient que 16 % des effectifs et les moins de 30 ans seulement 4 %.

Avec les nombreux départs en retraite planifiés, l'entreprise a été confrontée à un problème : comment transmettre l'histoire de l'entreprise ?

Une partie de la réponse se trouve dans les archives de l'agence, mais une partie seulement. De l'aveu même des collaborateurs, une grande partie de la mémoire collective de l'agence se trouve ailleurs, dans le vécu des missions, les anecdotes, les grandes soirées de lancement, les échecs, etc. Autant d'éléments qui s'agrémentent mal d'une transcription papier.

Consciente de cet état de fait, l'entreprise a mis en place des programmes de « récit apprenant » ou *storytelling* au travers desquels les anciens racontent aux nouveaux leurs expériences vécues au sein de l'agence. Ces récits oraux permettent aux anciens de transmettre une partie importante de la mémoire collective de l'agence et facilitent l'intégration des nouveaux embauchés qui partagent, ainsi, ces « mythes fondateurs ».

C. Préparer les futurs dirigeants

De nombreuses entreprises françaises et européennes affichent une pyramide des âges déséquilibrée. Les formes de ce déséquilibre diffèrent en fonction des secteurs et des entreprises, mais la représentation des âges sur une courbe fait souvent apparaître un « trou ».

Pyramide des âges : un « trou » problématique

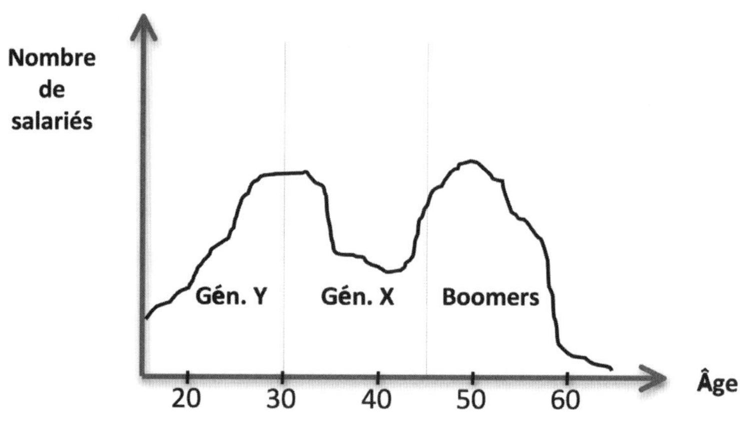

Dans de nombreuses entreprises, on constate une sous-représentation de la classe d'âge des 30-45 ans (voir exemple ci-dessus). Aux événements propres à l'histoire de chaque entreprise s'ajoute souvent la conjugaison de trois phénomènes :

- l'arrivée massive des baby-boomers dans les années soixante-dix ;
- le ralentissement économique et le gel des recrutements dans les années quatre-vingt ;

- le boom économique des années deux mille et le début de l'arrivée des Y en entreprise.

Cette répartition inégale des collaborateurs au sein des différentes classes d'âge concerne également la population des cadres dirigeants. De fait, dans une majorité d'entreprises, les cadres dirigeants sont issus de la génération du baby-boom et s'apprêtent à partir en retraite d'ici à 2020.

Ce départ programmé est problématique, car, dans de nombreux cas, la relève managériale n'est pas prête. Sauf exceptions, les quadragénaires sont actuellement peu présents aux postes clés des entreprises. Ces derniers se sont heurtés au « mur démographique » que représentent les cinquantenaires. La conséquence est simple : ils n'ont souvent pas été préparés à prendre un poste de dirigeant. Si l'on poursuit le raisonnement, les jeunes, qui occupent la première « bosse » du graphique – fin de la génération X, début de la génération Y –, vont également être placés en situation de management assez rapidement. Or, à l'image des quadragénaires, ils n'y ont pas du tout été préparés.

Enfin, les entreprises risquent de faire face au sentiment d'injustice de quadragénaires ayant patientés de longues années et qui se verront rejoints, voire « doublés » par des collaborateurs plus jeunes. En résumé, les entreprises vont faire face à un double défi : détecter et former rapidement une relève managériale tout en gérant le sentiment d'équité en interne.

Chapitre 5

SUR QUOI COMMUNIQUER ?

Nous venons de le voir, les enjeux liés à l'intégration des jeunes dans l'entreprise sont majeurs. Qu'il s'agisse de préparer la relève, de transmettre les savoirs ou de repérer les futurs leaders, les entreprises n'ont d'autre choix que d'attirer de nouveaux talents.

Pour y parvenir, les entreprises ont pris l'habitude de communiquer. Une question se pose alors : sur quoi faut-il communiquer vis-à-vis des jeunes ? Nous tenterons de répondre à cette question en montrant les limites des discours traditionnels et en mettant en lumière les thèmes mobilisateurs pour la génération Y. Enfin, nous proposerons quelques pistes pour aider les entreprises à se construire une image d'employeur de qualité.

I. LES LIMITES DES APPROCHES TRADITIONNELLES

A. Le discours centré sur l'entreprise

Lorsqu'elles s'adressent aux étudiants, certaines entreprises ont tendance à communiquer de manière autocentrée. Le discours porte alors généralement sur les produits, la marque ou les performances de l'entreprise. Les différents médias (Internet, affichage, spots TV) mobilisés dans ces campagnes relaient en boucle des messages du type : « Notre entreprise est exceptionnelle », « Nos produits sont les plus beaux », etc.

Transposée aux forums étudiants, la méthode consiste à envoyer des chargés de relations écoles réciter un mantra d'autopromotion où l'on trouve pêle-mêle le nombre d'implantations à l'international, les milliards de dividendes, l'histoire familiale débutée il y a plus de cent ans, etc. Si l'étudiant est assez patient pour écouter jusqu'au bout, il repart généralement avec un échantillon produit. Mais c'est à peu près tout. L'entreprise a beaucoup communiqué, c'est indéniable. Mais a-t-elle donné envie au jeune de rejoindre ses effectifs ? Rien n'est moins sûr.

Zoom

Le groupe Facebook des étudiants qui boycottent les rencontres entreprises

Lassé par des rencontres entreprises qu'ils jugent de piètre qualité, un groupe d'étudiants satiriques a créé un groupe Facebook de boycott. Les motifs d'insatisfaction sont relatés sur le ton de l'humour, mais certaines remarques sont troublantes de bon sens.

Morceaux choisis :

« Ce groupe est fait pour toi si :

- Tu sais que quand les entreprises débarquent sur le campus, elles vont te parler d'elles pendant 2 heures, mais qu'à la fin tu n'en sauras toujours pas plus sur le quotidien des mecs (eh oui, chez eux il n'y a pas de "journée type").
- Tu aimerais en savoir plus sur les entreprises et les métiers qui t'attirent, mais le seul truc qu'on te propose c'est de te référer au site Internet ou "tout est très bien expliqué".
- Tu trouves que les stylos, les jeux d'entreprise et les goodies, c'est marrant, mais ce n'est pas ça qui va t'aider à choisir ton métier.
- Tu trouves que tu pourrais t'améliorer en entretien, mais que rien n'est perdu parce que les entreprises sont encore plus mauvaises que toi pour se vendre.
- Tu trouves sympa qu'il y ait un forum entreprise, mais que bizarrement, il n'y a jamais l'opérationnel qui t'intéresse qui y est présent.
- Tu penses que ton pouvoir de conviction est de très haut niveau, mais lorsque les entreprises t'expliquent avec beaucoup d'aplomb qu'une carrière chez elles n'a rien à voir avec une chez leurs concurrents, tu te dis humblement que tu peux encore progresser... »

B. L'envolée lyrique sur les valeurs

De plus en plus d'entreprises mettent un point d'honneur à inclure un chapitre « Nos valeurs » dans leur communication RH. L'idée est simple : introduire une dose d'humain dans une communication traditionnellement axée sur la performance et les finances. De quoi, en théorie, capter l'attention des jeunes qui attendent plus qu'une simple relation « business » avec l'entreprise.

Hélas, l'exercice a progressivement perdu de son intérêt ! Il y a encore quelques années, ce type de démarche pouvait singulariser une entreprise, lui donner un aspect plus « humain ». Aujourd'hui, la quasi-totalité des grandes entreprises, aidées par de nombreux cabinets conseil, ont défini leurs valeurs. Le résultat du phénomène est une standardisation du discours, troublante. Les valeurs du type « respect », « intégrité », « excellence », « sens du client » se retrouvent en termes quasiment identiques sur de très nombreux sites, donnant au candidat le sentiment que les entreprises n'ont aucune spécificité.

Autre difficulté, les processus ayant abouti à l'élaboration des valeurs diffèrent fortement d'une société à une autre. Certaines entreprises ont, par exemple, fait le choix de n'impliquer que le top management dans le processus, alors que d'autres ont ouvert l'exercice beaucoup plus largement. De même, certaines sociétés ont rattaché leurs valeurs à leurs politiques internes, alors que d'autres se sont limitées à « proclamer » leurs valeurs.

Le résultat est que la signification de ces valeurs est à géométrie variable selon les entreprises. Certaines sont le reflet réel de l'identité de l'entreprise et se retrouvent dans les processus RH, tandis que d'autres demeurent un exercice de style. Le fait n'a d'ailleurs pas échappé aux jeunes diplômés qui regardent souvent d'un œil prudent ces grandes déclarations et préfèrent rencontrer des opérationnels pour réellement appréhender les valeurs portées par les collaborateurs.

II. LES THÈMES AUXQUELS LES JEUNES SONT SENSIBLES

De notre point de vue, les entreprises ont intérêt à communiquer sur des thèmes en rapport avec les attentes des jeunes. Cette partie sera donc l'occasion de faire le point sur ces dernières vis-à-vis du monde de l'entreprise.

A. L'environnement de travail

Il est difficile de convaincre les entreprises françaises de parler de l'environnement de travail. Pour de nombreux responsables, il n'est « pas sérieux » de parler de choses aussi triviales que l'organisation de l'espace ou de la cafétéria. Ces derniers font donc généralement l'impasse sur cette question dans leur communication employeur, pariant que les jeunes recrues se concentreront sur des arguments plus classiques, comme la solidité du groupe, les implantations à l'international ou la rémunération.

Et pourtant... Il s'agit de l'une des attentes majeures des jeunes issus de la génération Y. Plus que leurs aînés, les Y accordent une grande importance à l'environnement de travail et à l'organisation physique des locaux.

Deux facteurs expliquent ce phénomène :

- **L'interpénétration croissante des sphères personnelle et professionnelle** – Avec le développement des technologies de l'information, de nombreux jeunes vivent désormais une partie de leur vie personnelle sur leur lieu de travail. Les cloisons mentales entre la sphère personnelle et professionnelle sont tombées et ont fait naître le désir de retrouver au bureau une petite partie de son univers domestique.
- **La logique donnant-donnant** – Consciemment ou non, les Y ont intégré le fait que les entreprises attendent beaucoup de leurs salariés. De leur côté, ils ne rejettent pas la perspective de s'impliquer fortement dans l'entreprise, mais fixent deux limites : la possibilité d'avoir une vie en dehors du travail et la réciprocité. En d'autres termes, l'entreprise doit montrer qu'elle aussi est prête à investir sur le bien-être et le développement de ses salariés.

De ce point de vue, offrir un bon environnement de travail est tout sauf trivial. Aux yeux des Y, cette « preuve d'amour » a plus de valeur que les grandes déclarations des brochures de communication RH.

Zoom

La communication RH de Google : présentation des bureaux français

© Google

Sur son site (cf. illustration ci-dessus), Google communique ouvertement sur l'environnement de travail. Analysons ensemble le contenu de cette communication.

Explicitement, les points suivants sont mis en avant :

- **La facilité d'accès** – L'entreprise montre qu'elle se préoccupe du temps passé par ses salariés dans les transports.
- **La qualité du quartier** – L'entreprise rappelle aux candidats l'aspect central du quartier d'affaires de l'Opéra. L'idée est que le candidat puisse se projeter et visualiser l'intérêt de cette localisation (déjeuner avec des amis qui travaillent dans le même quartier, fréquenter les restaurants, les boutiques, etc.).

Implicitement, la photo diffuse les messages suivants :

- **Nous restons une entreprise à taille humaine** – Le bureau ressemble plus à un appartement d'habitation.
- **Vous pourrez mettre votre touche personnelle** – La toile, très vraisemblablement réalisée par des salariés, fait apparaître des prénoms et des messages personnels. Le message est on ne plus clair : « Vous êtes ici chez vous. »

B. La convivialité et le « fun »

Autre sujet sensible lorsque l'on discute avec des entreprises françaises : la place du fun. Si les responsables sont très à l'aise à l'idée de parler des métiers ou de l'expertise de l'entreprise, la plupart rechignent à communiquer sur des thèmes comme l'ambiance ou la décontraction.

Lorsque l'on échange avec les dirigeants sur les raisons de cette réserve, deux craintes apparaissent :

- **La crainte de ne pas être pris au sérieux** – Beaucoup de groupes se sont construits sur une image d'expertise et cultivent une image de sérieux. Les responsables RH de ces groupes ont tendance à raisonner par analogie et communiquent de façon sérieuse vis-à-vis des candidats en étant persuadés qu'il s'agit de la meilleure et de l'unique façon de faire.
- **La crainte d'attirer des « touristes »** – C'est le pendant de la première crainte que nous venons d'évoquer. Certains recruteurs sont persuadés que « les bons candidats » ne sont pas intéressés par une communication RH qui met en avant la convivialité et la bonne ambiance de l'entreprise. À leurs yeux, seuls les candidats « touristes » sont susceptibles de mordre à un tel hameçon.

Et pourtant, plusieurs éléments permettent de contredire ce raisonnement. Sur la forme, ce raisonnement suppose que la communication RH doit se caler sur la communication institutionnelle. Or, c'est sous-estimer la capacité des candidats – en particulier des jeunes – à faire la différence entre le discours institutionnel d'une entreprise et son discours en tant qu'employeur. Élevés dans une société « hyper communicante », les jeunes Y sont tout à fait capables de séparer le message marketing d'une entreprise de son discours employeur.

Sur le fond, nous pensons que les membres de la génération Y accordent une grande importance aux « signaux de convivialité » diffusés par la communication RH. Loin de décrédibiliser l'entreprise, ces signaux de convivialité rassurent les jeunes candidats sur la capacité de l'entreprise à s'intéresser à leur épanouissement personnel. Une entreprise qui communique ouvertement sur la bonne ambiance de travail leur envoie les messages subliminaux suivants : « Ici, les collaborateurs ne sont pas que des numéros», «Le management n'est pas autoritaire» et «Nous aimons bien la bonne humeur». Autant de messages importants pour des jeunes candidats qui redoutent souvent la transition entre leur vie trépidante d'étudiant et leur future vie de salarié.

Zoom

La communication RH de Google: fun, fun, fun

Google Emplois France

Recherche d'offres | Rechercher

Emplois > La vie chez Google

Emplois
La vie chez Google
Nos bureaux
Intégrer Google
Étudiants (en anglais)

La vie chez Google

Google est une entreprise atypique qui cultive sa différence. Malgré notre croissance, nous souhaitons conserver une culture d'entreprise des premiers jours. Chez Google, nous valorisons tous les employées, car nous sommes persuadés qu'ils constituent l'essence même de notre succès. Avez-vous déjà participé à un match de foot en ayant pour partenaire le directeur de votre bureau ?

Nous possédons des bureaux dans le monde entier, depuis Bangalore jusqu'à Paris. Tous nos bureaux partagent la même culture et valorisent le talent, la passion, la créativité et le perfectionnisme.

Les Googlers évoluent dans des petites équipes et dans un environnement en évolution constante ; ont la certitude que la technologie peut révolutionner nos habitudes, et sont passionnés dans leur vie professionnelle et personnelle.

Nous sommes toujours en recherche de nouveaux collaborateurs.

Pourquoi travailler chez Google ?

Dix raisons de travailler chez Google
Visualisez une video sur la vie chez Google
Avantages en nature

Ne passez pas à côté de...

Google combine un mode de fonctionnement de start-up en plein essor et la garantie d'une grande entreprise à succès. Nos employés sont notre ressource la plus précieuse : motivés, force de proposition, et soucieux de bien travailler et de cultiver un environnement motivant pour tous, ils sont au cœur de notre réussite.

©2010 Google - Accueil - À propos de Google - Confidentialité

Vous avez bien lu, dès la troisième phrase, l'entreprise invite le candidat à se demander s'il a déjà participé à un match de football avec son patron. Les photos présentées (babyfoot, chien) mettent également l'accent sur le ludique.

Quant au titre qui présente les photos «ne passez pas à côté de...», il n'est pas sans rappeler le vocabulaire des sites de vacances en ligne.

Alors, trop décalé?

À vos yeux peut-être, mais sachez que l'entreprise n'a aucun mal à attirer les meilleurs talents de la planète et qu'elle est depuis plusieurs années l'entreprise préférée des étudiants.

C. L'équilibre vie privée/vie professionnelle

L'expression n'est pas satisfaisante, car elle laisse penser que les Y font une nette différenciation entre les deux sphères, ce qui est de moins en moins vrai. Toutefois, elle aide à comprendre l'une des aspirations personnelles de cette génération : avoir une vie en dehors du bureau.

Les résultats d'une enquête, menée en 2009[1] auprès de responsables RH, sont sans appel : les répondants identifient la recherche d'un équilibre vie privée/vie professionnelle comme la principale attente des collaborateurs de la génération Y. Cette rubrique, citée par près des deux tiers des entreprises interrogées, arrive en tête, devançant de plus de dix points les exigences en termes de salaire.

La vision des managers que nous avons eu l'occasion d'interroger sur le terrain est un autre indice concordant que nous vous proposons d'observer dans l'encadré ci-dessous.

Zoom

Équilibre vie privée/vie professionnelle : la vision des managers de terrain

Comment les managers perçoivent-ils la recherche d'équilibre vie privée/vie professionnelle de la part des jeunes ?

Les citations ci-dessous, extraites d'interviews réalisées avec des managers de terrain, nous donnent une première idée de la diversité des réactions : « Ils parviennent mieux à préserver leur vie privée. Moi, quand j'ai commencé, je sacrifiais un peu ma vie personnelle, nous étions plus perméables », « Ils ne veulent pas reproduire le schéma parental de surinvestissement au travail », « Lors des simulations d'entretien, nous posons la question "Seriez-vous prêt à partir à l'étranger ?" Les jeunes nous répondent souvent par la négative en nous expliquant qu'ils veulent fonder une famille ou qu'ils ont une vie en dehors du travail. »

En conséquence, les entreprises ont donc tout à gagner à montrer qu'elles s'intéressent à l'épanouissement personnel de leurs sala-

1. « L'intégration de la génération Y en entreprise aujourd'hui », IAE Lyon, 3 novembre 2009.

riés et à leur « projet de vie », au-delà de leur simple contribution professionnelle.

Et si mon entreprise ne valorise pas l'équilibre entre vie privée et vie professionnelle ?

Dans certains secteurs d'activité (à l'exemple des banques d'investissement, des cabinets d'avocats), le niveau d'investissement horaire reste souvent l'un des critères majeurs pour évoluer et être apprécié. Dans ces situations, mieux vaut être honnête et afficher, dès le départ, que l'entreprise attend un fort niveau d'investissement horaire de la part de ses collaborateurs. La communication de l'employeur sera, certes, moins attractive, mais elle permettra de garantir que les jeunes candidats qui postulent le font en connaissance de cause et réduira, de ce fait, les départs anticipés.

D. La possibilité d'être un acteur

Peu présents en politique ou dans les syndicats, les membres de la génération Y sont parfois présentés comme individualistes et peu préoccupés du sort des autres. Cette mauvaise réputation les poursuit dans l'entreprise où leur volonté d'équilibrer vie privée et vie professionnelle est souvent perçue comme un manque d'implication ou d'intérêt. À en croire de nombreux managers, les Y seraient moins investis, moins concernés. Comment faut-il interpréter ces réactions ? Les Y sont-ils réellement en retrait ?

Précisons-le d'emblée, notre vision est inverse. De notre point de vue, les membres de la génération Y expriment fortement la volonté d'avoir un impact et de « compter ». Le désengagement qui peut exister de leur part est souvent lié à l'impression – juste ou erronée – qu'ils ne pourront être entendus et avoir un impact dans leur entreprise du fait de leur jeune âge. Il serait d'ailleurs plus juste de parler de « report d'engagement », car les jeunes qui sont en retrait dans l'entreprise sont souvent très actifs dans d'autres contextes (associatifs, sportifs, etc.) où leur âge n'est pas perçu comme un handicap.

L'autre indice de la volonté des Y d'être acteurs est le nombre de campagnes de communication RH qui invitent les jeunes à « changer le monde ».

Cas pratique

Quand les jeunes dip' sont invités à changer le monde

Les entreprises EDF et Areva ont un point commun : elles évoluent dans le secteur de l'énergie.

Comme nous l'avons évoqué précédemment, ce secteur qui fait partie de ceux qui vont connaître un grand nombre de départs en retraite entre 2005 et 2020. Selon les projections de l'Insee, le secteur devrait perdre entre 45 % et 50 % de ses actifs. Ceci explique pourquoi EDF et Areva ont mis au point de vastes campagnes de recrutement à destination des jeunes diplômés.

De façon intéressante, ces deux entreprises ont misé sur la volonté des jeunes de s'engager chez elles et de « changer le monde » avec elles. Les messages relayés (voir visuels ci-dessous) ne laissent aucun doute sur l'angle choisi par ces entreprises.

Les jeunes sont invités à « inventer l'énergie du XXIe siècle », « changer l'énergie » et implicitement à « refaire le monde ».

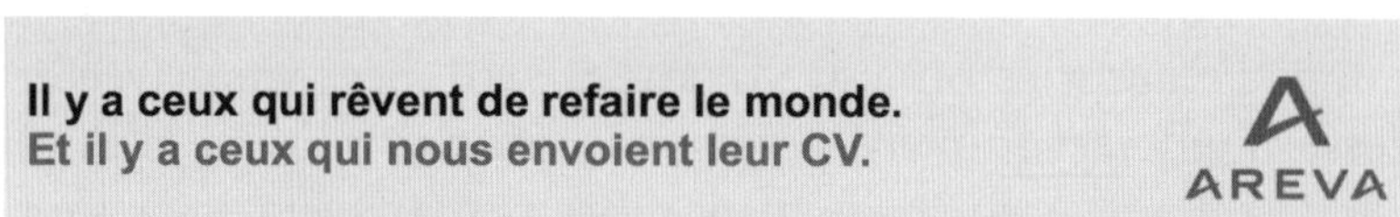

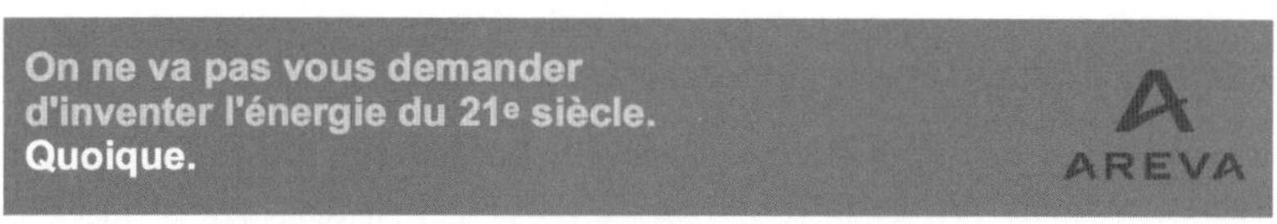

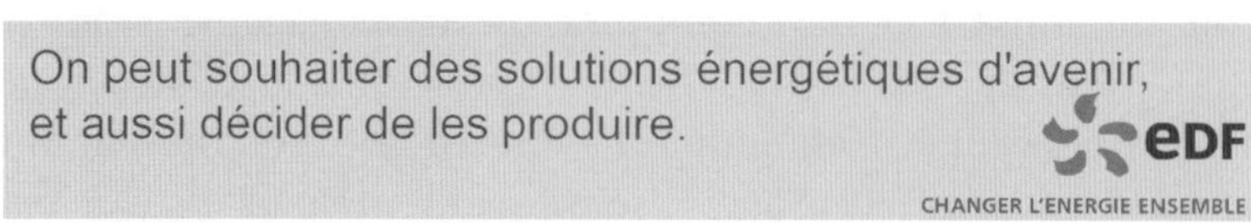

Sources : **http://emploi.areva.com ; http://recruteurs.wordpress.com.**

Comme nous venons de le voir, la communication RH est peu utile au candidat si elle vient paraphraser la communication institutionnelle. Les entreprises ont aujourd'hui la nécessité de bâtir une image employeur crédible aux yeux des candidats.

III. LA NÉCESSITÉ DE CONSTRUIRE UNE IMAGE EMPLOYEUR

A. Image employeur : de quoi parle-t-on ?

Les chiffres clés d'une entreprise, ses produits ou son histoire sont des données intéressantes, mais elles ne suffisent plus à attirer les talents.

Au cours de leur recherche d'emploi, les jeunes candidats se projettent spontanément en tant que futurs collaborateurs de l'entreprise. Cette projection est essentielle, car elle leur permet de répondre aux questions suivantes : « Est-ce que je me vois travailler dans cette entreprise ? », « Vais-je m'y épanouir ? »

Pour répondre à ces questions et valider l'intérêt de candidater, les jeunes n'utilisent pas l'image institutionnelle de l'entreprise ou celle attachée à ses produits. Ils font appel à l'image qu'ils ont de l'entreprise en tant qu'employeur. Cette image est le résultat d'une collection d'indices laissés, intentionnellement ou non, par les entreprises.

Parmi les indices diffusés intentionnellement par les entreprises, on peut citer le discours des recruteurs ou, encore, le contenu des sites emplois lorsque ces derniers mettent en avant les perspectives d'épanouissement personnel ou les dispositifs de développement des compétences offerts aux salariés. À titre d'exemple, l'entreprise Google communique régulièrement sur le fait que ses collaborateurs peuvent consacrer un cinquième de leur temps de travail à développer un projet personnel. Ce faisant, l'entreprise diffuse intentionnellement des valeurs. Son objectif est que, dans l'esprit des candidats, Google soit associé à la valeur positive d'équilibre vie privée/vie professionnelle.

À l'inverse, d'autres indices de l'image employeur sont « trouvés » par les candidats au gré de leurs rencontres (anciens collaborateurs, chargés des relations écoles), de leur expérience (stages, petits boulots) et de leur recherche d'informations sur Internet (commentaires sur les forums de discussion, notations d'entreprises), etc.

Élément essentiel pour attirer, l'image employeur est aussi un élément clé de la fidélisation des collaborateurs. Une campagne sur l'image employeur s'adresse tant aux candidats qu'aux collaborateurs actuels de l'entreprise. Si elle est bien perçue en interne, une campagne peut avoir des effets bénéfiques sur le sentiment de fierté, sur l'engagement des salariés et sur leur fidélisation. À l'image des campagnes marketing qui s'adressent aux consommateurs réguliers d'une marque, on retrouve la notion de réassurance, qui vise à conforter le salarié dans son choix. À l'inverse, si la campagne est mal perçue en interne ou tournée en ridicule à l'extérieur, l'effet peut être dévastateur sur la motivation des collaborateurs.

B. Quelques clés pour construire une image employeur de qualité

Tenir un discours de vérité

La véracité de la promesse employeur est également un élément clé de la réussite. Cet argument peut sembler trivial, mais force est de constater que de nombreuses entreprises cèdent à la tentation de se présenter de manière idyllique aux candidats.

Sur le fond, l'approche consistant à « survendre » l'entreprise nous paraît périlleuse pour deux raisons :

- Premièrement, elle sous-estime le processus de filtrage opéré par les candidats face aux informations diffusées par l'entreprise (cf. schéma p. 63). Si la campagne est trop décalée par rapport à la réalité, il y a de fortes chances pour que l'information parvienne rapidement aux oreilles des candidats potentiels et pour que ces derniers n'aient pas envie de se présenter.
- Deuxièmement, à supposer que les candidats postulent, l'entreprise prend alors le risque d'en décevoir un grand nombre et de voir son niveau de fidélisation baisser significativement. Les marketeurs parlent alors de promesse « déceptive ».

Un auteur[1] rappelle à ce sujet la mésaventure du Club Méditerranée qui, dans les années quatre-vingt-dix, avait mis en place une campagne de recrutement décalée. L'un des visuels représentait une plage ensoleillée avec un transat et titrait « votre futur bureau ». La

1. Gilles Verrier *in Marie-Madeleine Sève*, « Les sociétés soignent leur marque employeur », *Les Échos*, 19 mai 2009.

campagne avait à l'époque réussi à attirer un nombre important de candidats, mais une bonne partie de ces derniers avaient rapidement quitté l'entreprise quelques mois après, constatant que la réalité du travail de « gentil organisateur » différait quelque peu de l'affiche.

En conclusion, l'entreprise doit donc faire un effort d'introspection pour déterminer ce en quoi son offre d'employeur est remarquable au regard de celle de ses concurrents.

ZOOM

Le processus de filtrage de l'information par les jeunes diplômés

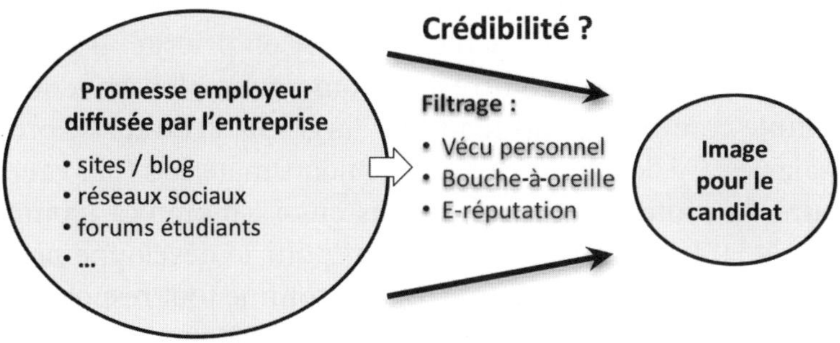

L'un des écueils fréquents de la communication RH consiste à croire que ce qui est dit par l'entreprise est cru par les jeunes diplômés.

De notre point de vue, les candidats appliquent (consciemment ou non) trois types de filtres pour évaluer la crédibilité du message de l'employeur :

- **Le filtre du vécu personnel :** « Mon expérience personnelle – de consommateur, de stagiaire, etc. –, corrobore-t-elle le message de l'entreprise ? »
- **Le filtre du bouche-à-oreille :** « Ce que me dit mon entourage – famille, amis, connaissances –, est-il cohérent avec ce que dit l'entreprise ? »
- **Le filtre de l'e-réputation :** « Les informations que je trouve sur Internet – dans les forums, blogs, sites de notation d'entreprises, etc. –, vont-elles dans le même sens que le discours officiel de l'entreprise ? »

S'entourer de professionnels

Premier élément notable : pour construire et entretenir une image employeur de qualité, les entreprises ont de plus en plus recours à des professionnels. Ces derniers, souvent issus du marketing, ont d'ailleurs imposé le concept de « marque employeur ». Ce concept, très proche de la définition de l'image employeur que nous avons vue précédemment, met l'accent sur la notion de marque et de réputation. Le parallèle avec le marketing traditionnel est fort.

À l'image d'un responsable de marque traditionnel, le responsable de marque employeur a pour mission de développer la notoriété de la marque auprès du public. La marque étant ici le crédit dont bénéficie l'entreprise en tant qu'employeur aux yeux des candidats. De la même façon, il élabore une stratégie et met en place des campagnes marketing et de communication pour toucher les « segments » de candidats que l'entreprise cherche à attirer en priorité. Il contribue par son action à faire connaître la « promesse employeur », qui peut être définie comme le contrat au sens large que l'entreprise propose à ses salariés. Ce dernier inclut des éléments matériels (par exemple, le salaire, la protection sociale), mais aussi « moraux » (comme le respect de la diversité ou l'engagement pour le développement des compétences des collaborateurs). Enfin, comme tout responsable de marque classique, il crée et/ou pilote les indicateurs d'attraction et de fidélisation pertinents pour son entreprise.

Le développement de l'approche « produit » de l'image employeur est également visible au travers du développement des labels du type « meilleur employeur ». Les instituts qui réalisent ces classements mettent à profit les recettes efficaces des labels du type « produit de l'année » présents dans l'agro-alimentaire et offrent généralement leurs conseils aux entreprises qui souhaitent améliorer leur image employeur. Ce système de label peut être intéressant pour peu que l'entreprise valide certains points au préalable.

En résumé, le premier conseil que l'on peut donner aux entreprises désireuses de développer leur marque employeur est de s'entourer de professionnels. Développer une marque employeur ne s'improvise pas et requiert un certain nombre de compétences – marketing, communication, technologies de l'information notamment – qui ne sont pas toujours présentes dans un service de ressources humaines classique.

En ce qui concerne le profil du responsable marque employeur, on ne saurait que trop recommander aux entreprises de se montrer ouvertes pour deux raisons :

- la profession est relativement nouvelle et il existe peu de profils expérimentés ;
- des profils très différents (communicants, marketeurs, RH) sont susceptibles de convenir.

ZOOM

Les points à valider avant de concourir pour un label du type « meilleur employeur »

Notoriété du classement

- Les candidats cibles connaissent-ils le label ?
- Va-t-il les influencer dans leur choix ?

À noter : un simple questionnement lors des entretiens de recrutement suffit à se faire une première idée de la notoriété de l'institut.

- Les collaborateurs présents dans l'entreprise connaissent-ils le label ?
- Vont-ils être sensibles/fiers si l'entreprise obtient ledit label ?
- Les concurrents de l'entreprise participent-ils à ce type de classement ?

Espérance de réussite et coût

- Quels sont les critères retenus pour obtenir le label ?
- Quel est le profil des entreprises l'ayant déjà obtenu ?
- Quel est le ratio de lauréats/entreprises candidates ?
- À combien se montent les coûts de participation au concours (argent, jours-hommes, etc.) ?

Investir dans la durée

La notoriété de l'employeur et de sa marque constitue un facteur clé de succès pour attirer. Si l'on excepte la période des années 2000 où des start-up totalement inconnues parvenaient à attirer de nombreux jeunes diplômés, on constate aujourd'hui que les candidats privilégient les entreprises disposant d'une marque établie.

Or, à l'image d'une marque classique, il est très difficile de bâtir une marque employeur « *top of mind*[1] » en quelques mois. Ce constat est d'autant plus vrai qu'en matière de marque employeur, la stabilité et l'ancienneté de la marque sont, en elles-mêmes, des critères rassurants pour un candidat.

L'un des principaux défis que doivent relever les entreprises consiste donc à investir dans la durée.

1. Marque « *top of mind* » : marque bénéficiant d'une notoriété de premier rang, qui est citée spontanément par les consommateurs.

Chapitre 6

COMMENT COMMUNIQUER ?

Comme nous venons de le voir, il est important pour les entreprises de communiquer sur des thèmes auxquels les jeunes sont sensibles (environnement de travail, convivialité, responsabilisation, etc.). Toutefois, le choix de thèmes pertinents ne garantit pas à l'entreprise que son message sera entendu par ses cibles potentielles.

Dans ce chapitre, nous vous proposons de faire le point sur les canaux de communication à disposition des entreprises pour toucher les jeunes candidats.

I. TOUCHER LA GÉNÉRATION INTERNET

Comme nous l'avons évoqué en introduction, les jeunes Y entretiennent un rapport étroit avec les technologies de l'information avec lesquelles ils ont grandi. Cette connectivité permanente se retrouve à l'heure de la recherche d'emploi et milite pour que les entreprises utilisent de nouveaux outils issus du Web 2.0.

À SAVOIR

La définition du Web 2.0

L'expression « Web 2.0 » désigne l'ensemble des technologies et des usages du *World Wide Web,* qui ont suivi la forme initiale du Web. Il s'agit en particulier d'interfaces permettant aux internautes, ayant peu de connaissances techniques, de s'approprier les nouvelles fonctionnalités du Web. Ainsi, cela permet d'interagir de façon simple, à la fois avec le contenu et la structure des pages, et aussi entre eux, créant notamment le Web social.

Source : Wikipédia.

A. L'émergence d'un candidat 2.0

Les spécialistes du marketing et les recruteurs ont un point commun : ils cherchent à attirer et fidéliser. Or, si les premiers maîtrisent sur le bout des doigts les modes d'information de leurs cibles, il n'en va pas nécessairement de même pour les seconds.

Ce point nous semble pourtant essentiel, car les modes d'information et de communication utilisés par les jeunes ont considérablement évolué au cours des dernières années. En seulement quinze ans, Internet est devenu le principal moyen utilisé par les jeunes diplômés dans leur recherche d'emploi.

Analysons ensemble les différents usages qu'ils en font.

Identifier une opportunité et postuler

À la lumière d'une récente étude sur l'insertion des jeunes diplômés (voir encadré p. 69), il apparaît que les vecteurs de communication RH « traditionnels », comme les petites annonces ou les forums entreprises, sont en perte de vitesse considérable.

Songez par exemple que les forums entreprises, pour lesquels les sociétés mobilisent d'importantes ressources, ne sont utilisés que par un quart des jeunes diplômés et que seul 6 % d'entre eux les jugent utiles !

Zoom

Les moyens utilisés par les jeunes diplômés dans leur recherche d'emploi

Réalisée par TNS Sofres en octobre 2009, l'étude « L'insertion des jeunes diplômés » fait notamment le point sur les différents moyens mis en œuvre par les jeunes dans leur recherche d'emploi.

Avez-vous eu recours aux moyens suivants pour rechercher un emploi ?

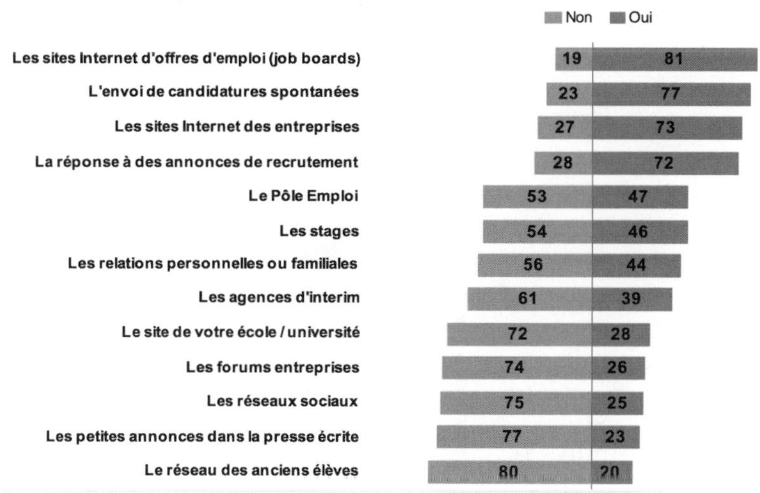

Source : « L'insertion des jeunes diplômés », TNS Sofres, octobre 2009.

Les résultats montrent la montée en puissance d'Internet et des technologies de l'information au détriment des méthodes et outils « traditionnels ».

Ainsi, les « Jobboards[1] » et les « sites Internet des entreprises » figurent dans le trio des moyens les plus utilisés par les jeunes diplômés pour rechercher un emploi (avec un taux d'utilisation de 81 % et 73 %). De même, de nouveaux modes de recherche comme « les réseaux sociaux » apparaissent dans le classement et devraient progresser très rapidement.

À l'inverse, « les petites annonces dans la presse écrite », « le réseau des anciens élèves » ou « les forums entreprises » ne sont plus utilisés que par environ un quart des jeunes diplômés dans leur recherche d'emploi.

1. Sites Internet dédiés à l'emploi et proposant des offres à l'image de Monster ou Keljob.

À la lumière de ces différentes statistiques, une autre question se pose : **cette montée en puissance d'Internet dans la recherche d'emploi, est-elle uniquement le fait des jeunes ?** S'agit-il au contraire d'une tendance plus large qui concerne l'ensemble des générations ?

Un institut d'étude américain[1] a tenté de répondre à la question en analysant les différences générationnelles en matière d'utilisation d'Internet, comme le montre l'encadré ci-dessous.

ZOOM

Recherche d'emploi sur Internet : les différences générationnelles

Pourcentage des personnes allant en ligne pour se renseigner sur un emploi

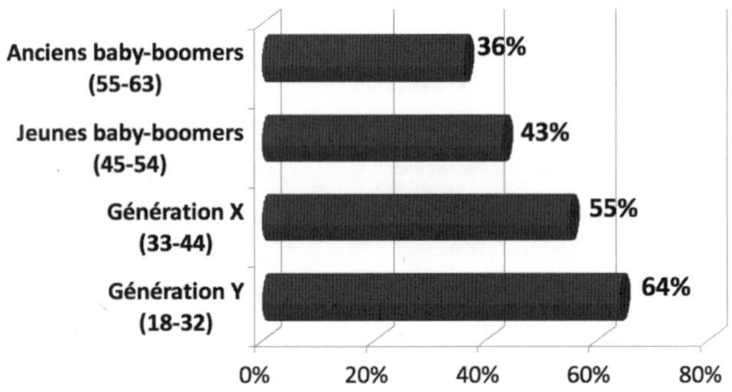

Source : « Generations Online in 2009 », Pew Internet & American Life project, 28 janvier 2009.

Réalisée par l'Institut de recherche américain Pew, l'étude « Générations en ligne en 2009 » s'est intéressée aux différences générationnelles dans l'utilisation d'Internet. Parmi les nombreuses activités en ligne (jeux, vidéos, etc.) explorées par l'étude figure la recherche d'emploi.

Les résultats de l'étude montrent qu'il existe des différences générationnelles marquées entre les membres de la génération Y et les générations précédentes. En effet si 64 % des 18-32 ans utilisent Internet pour se renseigner sur un emploi, la proportion tombe à 36 % pour la tranche des 55-63 ans.

1. « Generations Online in 2009 », Pew Internet & American Life project, 28 janvier 2009.

À la lueur des résultats, nous formulons l'hypothèse que la diffusion d'Internet, comme outil de recherche d'emploi, suit le modèle d'adoption des technologies décrit par Rogers.

Pour mémoire, ce modèle s'intéresse à la façon dont les innovations se diffusent au sein des populations. Selon Rogers, la diffusion d'une innovation se réalise par l'adoption successive de différentes « strates » d'utilisateurs depuis les plus enthousiastes à l'égard des technologies jusqu'aux plus réticents. Le modèle identifie ainsi cinq profils de consommateurs (innovateurs, adopteurs précoces, majorité précoce, majorité tardive, réfractaires) correspondant aux différentes phases du processus d'adoption.

En nous inspirant de ce modèle, nous estimons que l'adoption d'Internet se réalise par strates générationnelles successives en commençant par les générations les plus jeunes. En conséquence, les différences générationnelles, dans son utilisation comme outil de recherche d'emploi (cf. encadré p. 70), seraient donc temporaires.

Analyser l'« e-réputation » de leur futur employeur

Autre évolution notable, les candidats n'utilisent plus Internet qu'à des fins « instrumentales » (trouver une annonce, postuler, etc.). Beaucoup s'en servent également pour obtenir des informations sur leur futur employeur. Il s'agit avant tout de savoir « ce qui se dit » sur l'entreprise et d'obtenir des informations provenant d'autres sources que le « canal officiel ».

Concrètement, cette recherche d'informations non officielles peut prendre des formes très diverses : le candidat peut visiter un forum spécialisé sur son métier, lire le blog d'un salarié de l'entreprise ou, encore, consulter les « notes » d'un futur employeur sur un site de notation d'entreprise.

Une récente étude[1] réalisée auprès de jeunes diplômés donne des pistes d'explication sur la raison d'un tel comportement. Les résultats montrent en effet que les deux principaux sentiments qui habitent les jeunes diplômés avant leur première expérience professionnelle sont l'inquiétude et la méfiance (voir graphique p. 96, chapitre 7).

1. « Les 20-30 ans et le travail », Cegos, avril 2009.

Dans ces conditions, cette recherche d'informations « non officielles » s'inscrit dans une logique de réassurance : « La promesse de l'entreprise est-elle réelle ? », « Certains éléments négatifs ont-ils été passés sous silence ? », « Y a-t-il d'autres sources pouvant confirmer que le discours de l'entreprise est conforme à la réalité ? », etc.

Autre élément d'explication de nature sociologique, les Y ont souvent grandi avec le développement des marques et du marketing. De ce fait, ils ont été exposés à une quantité considérable de messages promotionnels, vantant, à tort ou à raison, les vertus d'un produit ou d'un service. Cette surexposition publicitaire et les déceptions qu'elle implique ont encouragé un phénomène de remise en cause des émetteurs traditionnels. Les spécialistes du marketing utilisent le terme de « défiance institutionnelle » pour qualifier ce scepticisme fréquent vis-à-vis des discours officiels.

Développer une présence proactive sur Internet

Autre évolution importante, les jeunes diplômés sont plus nombreux à utiliser Internet pour développer une présence proactive sur Internet. Cette présence peut prendre des formes très diverses : mise en ligne d'un CV, rédaction d'un blog, commentaires d'articles publiés, etc. Ces démarches proactives répondent à plusieurs préoccupations.

Ne pas « subir » les résultats des moteurs de recherche – Selon une étude récente (voir encadré ci-après), de plus en plus d'employeurs procéderaient au *screening* des candidats qu'elles projettent de recruter en recherchant leur nom sur des moteurs de recherche ou des sites de réseaux sociaux. Conscients de cette réalité, les jeunes diplômés utilisent les réseaux sociaux et d'autres plateformes (blogs notamment) dans une logique « d'occupation de l'espace ». De cette façon, ils cherchent à ce que les informations « positives » les concernant figurent en bonne place dans les résultats des moteurs de recherche.

Gérer sa « marque personnelle » et se faire remarquer – Nous venons de le voir, Internet peut constituer un piège pour les candidats qui ne prêtent pas attention à leur « e-réputation ». À l'inverse, ce peut également être un levier efficace pour faire connaître ses talents ou sa créativité aux recruteurs potentiels. Dans cette optique, de nombreux jeunes diplômés utilisent Internet comme un vecteur de promotion personnelle.

ZOOM

Le *screening* des candidats par les entreprises

Selon une étude réalisée en 2009 aux États-Unis par Careerbuilder, 45 % des employeurs procéderaient au screening des candidats en recherchant leur nom sur des moteurs de recherche comme Google ou des sites de réseaux sociaux.

En premier lieu, le pourcentage est en augmentation de 22 % sur un an, signe que les entreprises prennent conscience de l'importance de la réputation numérique. Deuxième point, environ un tiers des entreprises, qui procèdent à ce type de screening, trouvent des informations qui les dissuadent d'embaucher les candidats en question.

Les trois informations « compromettantes » les plus fréquemment citées par les employeurs sont les suivantes :

- les publications de contenus (texte ou photos) inappropriés par le candidat (53 %) ;
- les références faites par le candidat à l'usage d'alcool ou de drogue (44 %) ;
- les critiques formulées à l'égard d'anciens employeurs, collègues ou clients (35 %).

Les actions, mises en œuvre par ces derniers pour se faire remarquer, varient considérablement en fonction des individus et des secteurs d'activité. Certains publient leurs travaux d'étude, d'autres créent un blog sur un secteur qui les intéresse ou, encore, commentent certains articles sur des blogs professionnels. Les stratégies sont innombrables en la matière et certains candidats font parfois preuve d'une créativité étonnante.

Zoom

Faire le « buzz » autour de sa candidature

© Google

Alec Brownstein, rédacteur publicitaire de 28 ans, s'est récemment fait remarquer par l'originalité de sa candidature. Ce dernier a volontairement acheté comme mots clés le nom des principaux dirigeants de l'entreprise Google.

Ainsi, en recherchant leur propre nom sur le moteur de recherche, les dirigeants ont découvert le message de promotion suivant (voir capture d'écran) : « Salut [nom du dirigeant], c'est marrant de googleliser son propre nom ! Ce serait aussi sympa de me recruter » avec un lien vers son site personnel.

Reçu par plusieurs dirigeants concernés, le jeune publicitaire est reparti avec deux offres d'emploi de Google et travaille maintenant dans l'une des plus grandes agences de publicité à New York.

B. Le dilemme des entreprises face au 2.0

Y aller ou pas ? Tel est le dilemme auquel sont confrontées de nombreuses entreprises au regard de l'essor des réseaux sociaux et autres outils issus du Web 2.0. Si les responsables RH ont de plus en plus conscience de l'insuffisance des moyens « traditionnels » (comme les forums entreprises, les amphis de présentation, etc.), ils ne disposent pas pour autant des clés pour utiliser les outils du Web 2.0.

Les objections relatives à l'utilisation de ces outils sont souvent le fait d'idées reçues que nous nous proposons d'analyser de plus près.

Objection n° 1 : « Le Web 2.0, c'est un truc de jeunes technophiles »

Vraie à l'origine, cette affirmation ne reflète plus la réalité. L'usage d'Internet et des réseaux sociaux s'étend désormais bien au-delà de la sphère des jeunes technophiles. Comme l'a récemment montré une étude, les seniors sont de plus en plus actifs en la matière.

ZOOM

Internet et le Web 2.0 : des seniors de plus en plus actifs

L'Institut Nielsen vient de le souligner dans une étude[1], les seniors sont de plus en plus actifs sur Internet.

Quelques chiffres pour illustrer (ces derniers concernent la population américaine, mais pointent quelques tendances de fond) :

- le nombre de plus de 65 ans utilisant Internet a augmenté de 55 % entre 2004 et 2009 ;
- le temps passé par les seniors sur Internet est passé de 52 à 50 heures par mois ;
- le top 3 des sites fréquentés par les seniors est : Google, Windows media et Facebook.

Nielsen précise enfin que la part des seniors qui fréquente Facebook est identique à celle des adolescents.

1. « Six Million More Seniors Using the Web than Five Years Ago », Nielsen, décembre 2009.

Objection n° 2 : « En ne faisant rien, on évite de prendre des risques »

C'est sans doute l'idée reçue la plus répandue. Nombre de responsables sont persuadés qu'en ne faisant rien, ils évitent de prendre des risques. Or, c'est précisément l'inverse. Prenons la question de la réputation numérique pour illustrer. Si une entreprise s'abstient de toute présence sur les réseaux sociaux ou les blogs, elle ne se préserve en aucun cas. Elle laisse au contraire le champ libre aux autres et prend le risque que seuls ses opposants (anciens salariés mécontents, concurrents) comblent ce « vide ».

L'effet, vis-à-vis des candidats 2.0 que nous venons de décrire, est généralement désastreux. Ces derniers vont trouver lors de leur recherche des éléments négatifs (voire faux) sur l'entreprise sans aucune voix pour les contredire ou donner une autre vision. Pour prendre une image, s'abstenir d'être présent revient à accepter d'être jugé sans pouvoir se défendre. Ce constat étant posé, la question du choix des outils se pose pour les entreprises.

II. LES OUTILS À DISPOSITION DES ENTREPRISES

Une fois tranchée la question de l'utilisation des outils du Web 2.0, une autre interrogation apparaît immédiatement : Quels outils faut-il utiliser ? Le foisonnement permanent en la matière milite pour une présentation claire des possibilités offertes par les principaux outils.

A. Les réseaux sociaux « pro »

Dans le vaste paysage que représentent les réseaux sociaux numériques, on peut distinguer deux grandes familles :

- **Les réseaux sociaux centrés sur vie la personnelle et les loisirs** – Cette catégorie regroupe des réseaux sociaux comme Facebook, Myspace ou Skyrock. De notre point de vue, ces réseaux ne sont pas, à ce jour, les plus intéressants pour attirer et recruter. Nous nous limiterons donc à une présentation des possibilités de cooptation offertes par ces derniers (voir chapitre 8, p. 102).
- **Les réseaux sociaux « pro », à vocation professionnelle** – Cette catégorie regroupe des réseaux comme Viadeo, Linkedin ou Xing. Utilisés par les particuliers à des fins de mise en relation professionnelle, ces réseaux sont de loin des plus intéressants

pour les recruteurs (voir tableau comparatif ci-après). Aussi nous concentrons notre présentation sur cette catégorie.

Jadis limité aux chasseurs de têtes, l'usage des réseaux sociaux « pro » s'étend progressivement aux entreprises.

	Réseaux professionnels : comparaison entre deux leaders du secteur	
	viadeo	LinkedIn
Création	2004	2003
Nombre de membres[1]	25 millions (3 millions en France)	60 millions (1,5 millions en France)
Géographie	Forte implantation française	Forte orientation internationale
Les « plus » pour les recruteurs	Compatibilité avec quatre systèmes de multidiffusion d'offres d'emploi (Taleo, R.Flex, Broadbean et Multiposting) permettant un gain de temps et une plus grande visibilité des annonces Partenariat avec l'APEC permettant une diffusion simultanée sur les deux sites, une information plus riche sur les candidats et une interface de gestion mutualisée	Accès à de nombreux profils internationaux/bilingues Interface recruteur permettant un travail collaboratif (suivi des actions réalisées par l'ensemble des personnes ayant accès au compte)

1. Données entreprises au 1er avril 2010.

Les grands avantages offerts par ces plateformes :

- **Accéder à des profils en poste** – Contrairement aux idées reçues, les demandeurs d'emploi sont minoritaires parmi les membres de ces réseaux. La grande majorité des personnes ayant un profil sont des professionnels en poste (75 % pour le réseau Viadeo d'après l'entreprise).
- **Trouver des profils rares** – Comme le montre la capture d'écran p. 78, les formulaires de recherche offerts par les réseaux sociaux « pro » n'ont rien à envier aux CVthèques des entreprises. Les champs de recherche sont nombreux et permettent d'identifier très précisément des candidats potentiels. De plus, le grand nombre de profils disponibles (entre un et demi et trois millions, selon les réseaux pour la France) permet d'aller plus loin dans la segmentation des profils recherchés.

Zoom

Le formulaire de recherche du réseau Viadeo

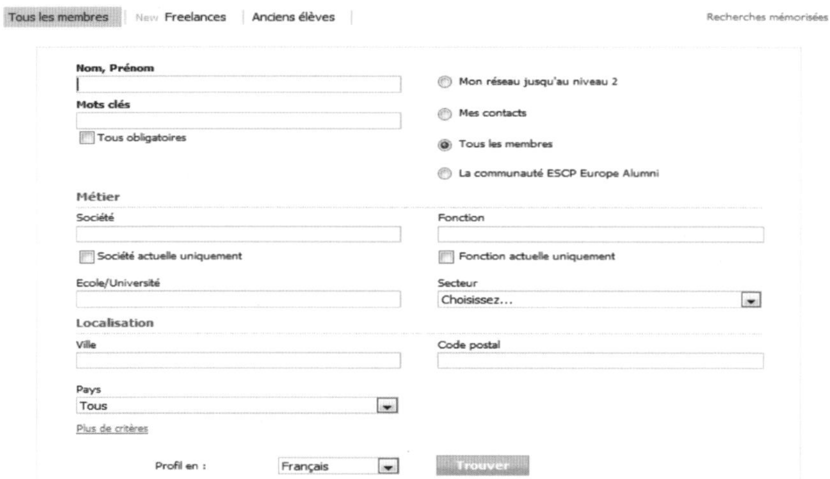

© Viadeo

- **Réduire les coûts de recrutement** – Pour accéder à des profils rares ou en poste, les entreprises étaient souvent obligées de recourir aux coûteux services d'un chasseur de têtes. Grâce à l'utilisation de ce type de réseau – aux coûts modiques –, les entreprises disposent d'un levier pour réduire leurs coûts de sourcing.

À noter : ce coût limité a également pour avantage de permettre aux PME d'accéder à ces services.

En conclusion, quelques conditions de réussite :

- **Évaluer précisément ses besoins pour choisir le bon réseau** – Le niveau de couverture de ces réseaux varie fortement en fonction des secteurs d'activité et des zones géographiques. En conséquence, il appartient aux recruteurs de bien définir leurs besoins pour choisir le meilleur réseau. L'âge des populations cibles doit également être pris en compte. En effet, même si les choses évoluent rapidement en la matière, il subsiste des différences d'utilisation importantes. À titre d'exemple, une étude récente[1] a montré que le réseau social Viadeo bénéficiait d'un taux de notoriété de 42 % chez les 18-24 ans, mais de seulement 12 % pour les 50-64 ans.

- **Prendre conscience des limites de ces outils** – Les réseaux sociaux professionnels ne permettent pas de répondre à l'intégralité des besoins en recrutement d'une entreprise. La faible représentation de certaines catégories (« Top managers » et ouvriers notamment) milite pour que ce canal soit utilisé en complément d'autres dispositifs (chasse, annonces, etc.).
- **Expérimenter au niveau d'une unité opérationnelle ou d'un service** – Comme nous l'avons évoqué précédemment, il existe de nombreux freins liés à l'utilisation des technologies du Web 2.0. Par conséquent et en fonction de la « culture » interne, il peut être judicieux pour un recruteur de réaliser un test à l'échelle d'un service ou d'une unité opérationnelle. Ce type de test permettra de dresser un bilan factuel des avantages et des coûts associés à l'utilisation de ces plateformes pour l'entreprise.

B. Le blog RH

Assez répandus aux États-Unis, les blogs RH font leur entrée en France à partir de 2007 avec le lancement du blog de l'entreprise Sephora (voir encadré p. 80).

Le principe est simple : proposer aux internautes du contenu (par exemple, des articles, des vidéos, des podcasts, etc.) régulièrement mis à jour sur l'entreprise, ses collaborateurs et les opportunités professionnelles qu'elle offre.

Les blogs RH présentent plusieurs avantages :

- Ils sont très complémentaires avec les sites emplois classiques. Ces espaces permettent de présenter sous un autre jour l'entreprise, ses collaborateurs et ses métiers.
- Ils permettent d'établir un lien moins formel entre recruteurs et candidats. Les candidats hésiteront moins à poser une question ou à réagir à un événement, que lors d'un entretien.

---

1. « Observatoire des réseaux sociaux », IFOP, janvier 2010.

- Ils peuvent être utilisés en interne comme un outil d'intégration. Faire lire un blog RH à un nouvel embauché ou lui confier la mission de rédiger un article est une façon intéressante de l'impliquer.
- Plus ouverts et réactifs que les sites emplois, ils peuvent contribuer à diffuser une image dynamique d'une entreprise.

Zoom

Le blog RH de Sephora

Source : **http://blogrh.sephora.fr.**

Lancé en août 2007, le blog RH de Sephora (Groupe LVMH) est le premier blog RH français grand public. Interrogée à l'époque du lancement sur l'objectif du projet[1], Sophie Mouhieddine, responsable développement RH, confiait son souhait « d'entretenir une communication transparente et directe avec les candidats potentiels ».

Les sujets développés concernent les dispositifs RH internes (l'école de formation, la mobilité internationale), mais pas uniquement. Le blog relate régulièrement des « tranches de vie » de l'entreprise (ouvertures de magasins, reportages sur la période de Noël en interne, etc.).

Comme le montre la capture d'écran ci-dessus, l'entreprise a fait le choix de confier la rédaction des articles aux collaborateurs de l'entreprise de manière à conserver un « parler vrai » aux billets.

Des résultats prometteurs

Les quelques chiffres communiqués par Sephora sont éloquents. D'un point de vue quantitatif, le blog affiche 150 000 visiteurs uniques et plusieurs dizaines de milliers de candidatures déposées *via* le blog.

Au-delà, le blog a permis d'attirer l'attention de nombreux candidats sur un secteur, la grande distribution, qui ne jouit pas toujours d'une excellente réputation aux yeux des jeunes.

1. «Sephora lance le premier blog RH de la toile», *Focus RH*, 6 septembre 2007

En conclusion, quelques conditions de réussite:

- **Proposer un contenu et un ton différent des autres espaces (sites, réseaux sociaux) où l'entreprise est présente** – Répliquer le style et le contenu de la communication institutionnelle ne présente que peu d'intérêt pour l'internaute.
- **Accepter la critique** – Censurer tous les commentaires négatifs d'un blog n'est pas une solution. Mieux vaut entrer dans une discussion et héberger le débat que de le voir se tenir ailleurs.
- **Prévoir du temps pour la rédaction des billets** – Pour intéresser les lecteurs, l'entreprise devra renouveler régulièrement le contenu du blog, ce qui représente un investissement en temps non négligeable.

C. Twitter et le *microblogging*

Précisons-le d'emblée, l'utilisation de Twitter comme outil de recrutement est marginale à l'heure actuelle. Toutefois, son développement rapide et son importance dans certains secteurs d'activité militent pour que les recruteurs connaissent les possibilités offertes par le service. Avant de vous présenter les utilisations de Twitter en matière de recrutement, une courte présentation du service s'impose.

Créé en 2006, Twitter est un service de *microblogging* qui permet aux utilisateurs de bloguer en envoyant des messages courts (cent quarante caractères maximum, soit une à deux phrases) appelés « *Tweets* ».

De manière générale, chaque utilisateur peut diffuser du contenu et s'abonner à celui diffusé par les autres. Avantage notable du service : les personnes abonnées à votre compte reçoivent en temps réel dans leur fil d'actualité les messages que vous diffusez.

À l'image des autres réseaux sociaux, les utilisateurs remplissent un profil, mais ce dernier est nettement plus succin (quelques lignes au maximum).

À ce jour, trois types d'acteurs utilisent Twitter dans un but de recrutement :

- **Les *Jobboards*** (Monster, Cadremploi, Keljob) – Ces derniers publient régulièrement un résumé de quelques annonces avec un lien de renvoi vers leur site. Les annonces concernent souvent les métiers de la communication, d'Internet ou de l'informatique.

Exemple

Offre d'emploi publiée par Cadremploi

Job IT : Responsable marketing on line

H/F : MISSION PROPOSÉE : Rattaché

au directeur du site Sephora.fr,

Responsa… http://bit.ly/cc3keO

Source : **http://twitter.com/cadremploi.**

- **Les entreprises** – Ces dernières utilisent Twitter pour rentrer en contact de manière différente avec les candidats. La limite imposée des cent quarante signes évacue, de fait, les formules de politesse et permet aux candidats, comme à l'entreprise, d'aller droit au but. Sur le fond, les entreprises communiquent sur les offres d'emploi à pourvoir, les dispositifs RH existants et l'actualité de l'entreprise.

ZOOM

Le compte Twitter de la Société Générale

Source : **http://twitter.com/careerssocgen.**

- **Les candidats** – Les candidats utilisent le service pour se renseigner sur les offres et les entreprises, mais peuvent aussi servir de relais aux recruteurs. C'est même l'un des principaux attraits de Twitter : chacun peut faire la promotion d'une offre d'emploi publiée en effectuant un *retweet* (équivalent d'un transfert e-mail) à l'ensemble de ses abonnés. Ce système encourage la propagation de l'information puisque le destinataire d'un message « *retweeté* » (republié) peut à son tour décider de le transférer à l'ensemble de ses abonnés. L'effet boule de neige n'est pas automatique, mais il existe et va souvent permettre d'atteindre des profils très spécifiques. À titre d'exemple, une offre d'emploi pour un développeur Web sera souvent republiée par un professionnel du Web qui compte des développeurs Web dans ses abonnés.

Quelques conditions de réussite :

- **Jouez le jeu de l'interactivité** – Déléguer totalement la gestion d'un compte Twitter à une agence de communication où un modérateur n'est pas une bonne option puisqu'elle prive les candidats de l'interactivité qu'offre le service.
- **Proposez du contenu original** – Une simple copie des offres d'emploi présentes sur le site corporate ne justifie pas que les

candidats suivent, votre compte Twitter. Les entreprises qui réussissent publient régulièrement un contenu original et « chaud » (d'actualité).

- **Ouvrez le jeu** – Ne parler que de son groupe ou de ses recrutements n'est pas le meilleur moyen pour gagner de l'audience. En relayant les contenus intéressants publiés par d'autres utilisateurs, vous augmenterez vos chances d'attirer à vous de nouveaux abonnés et d'être à votre tour republié.

Zoom

L'intérêt des réseaux sociaux :
le point de vue de *Franck La Pinta*, Responsable marketing marque employeur à la Société Générale

Pourquoi avoir développé votre présence sur les réseaux sociaux comme Twitter ou Facebook ?

Auparavant, il n'existait que des sites de recrutement traditionnels. Ces derniers constituaient le début et la fin de l'expérience du candidat au niveau des ressources humaines. Ce n'est plus le cas aujourd'hui et pour plusieurs raisons.

D'une part, nous constatons une tendance générale de remise en cause des émetteurs traditionnels. Nos cibles, notamment la génération Y, questionnent de plus en plus les discours institutionnels et recherchent en priorité l'information auprès de leurs pairs.

D'autre part, il y a une logique de visibilité. Aujourd'hui, lorsqu'un internaute tape les mots « recrutement Société Générale » dans un moteur de recherche, les réponses renvoient pour moitié vers des sites externes au groupe. En d'autres termes, une partie importante de nos cibles discute de nous, va se faire une opinion de notre offre en fonction de sites externes. Il est donc important d'intégrer cet écosystème et d'être présents là où ont lieu ces discussions.

Nous développons donc notre présence sur des plateformes complémentaires à notre site institutionnel en essayant de tirer profit des avantages liés à chaque type de plateforme. Les plateformes thématiques, comme les sites spécialisés dans la finance, nous permettent d'avoir un discours très ciblé. D'autres, comme les réseaux sociaux, nous permettent d'entrer en discussion avec nos cibles ou de mettre en avant de l'information « chaude » liée à l'actualité.

Cette présence sur les réseaux sociaux peut sembler risquée pour un groupe qui n'est pas un spécialiste d'Internet. Comment vendre une telle démarche en interne ?

Il y a un travail d'« évangélisation » à faire. En ce qui me concerne, ma première action a été d'aller voir la DRH et de lui faire une présentation sur le Web 2.0.

L'idée était simple : présenter les « grandes briques » de l'Internet d'aujourd'hui (réseaux sociaux, blogs, podcasts, etc.) et faire passer l'idée que ce n'est pas uniquement l'affaire d'une minorité de technophiles, mais plutôt une évolution de fond, qui concerne la plupart des populations que nous ciblons en recrutement.

À partir de ce constat, nous nous sommes posé un certain nombre de questions sur nos pratiques : les réseaux sociaux peuvent-ils avoir un intérêt en matière de communication interne ? Peut-on capitaliser sur l'intérêt pour les nouvelles technologies dans notre système de formation ?, etc.

En déroulant toutes les problématiques RH : le recrutement, l'intégration, la mobilité, la gestion des carrières, nous nous sommes rendu compte qu'il y avait beaucoup de choses intéressantes à exploiter.

D. Les chats RH et les webinaires

Les chats RH sont assimilables à des réunions en ligne qui rassemblent candidats potentiels et entreprises autour d'un ou plusieurs thèmes RH (alternance, opportunités de stage, handicap, etc.).

Les candidats potentiels s'inscrivent au chat et ont la possibilité de poser des questions au représentant de l'entreprise. Un modérateur est présent la plupart du temps pour faire l'interface. En plus du support technique, il lui revient de centraliser et reformuler si besoin les questions adressées par les candidats.

Le développement de l'Internet haut débit a permis de rajouter progressivement de la vidéo et du son au dispositif et de créer de véritables séminaires interactifs, appelés « webinaires ».

Ces derniers fonctionnent sur le même principe que le chat, mais offrent de nouvelles possibilités : poser une question en direct *via* webcam, visualiser le contenu en différé, etc.

EXEMPLE

Chat RH organisé par EDF

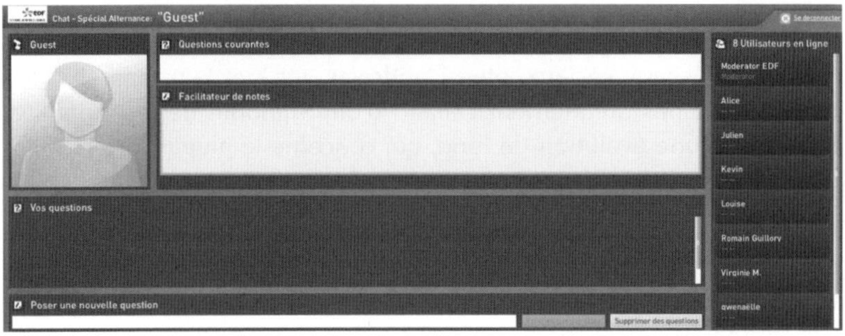

Source : www.monster-edays.fr.

Quel intérêt pour les entreprises ?

- **Rassembler des profils spécialisés et motivés** – Les personnes qui assistent à un chat RH sont rarement là par hasard. La spécificité des thèmes abordés et la nécessité de s'inscrire ont pour effet d'attirer des profils pertinents et motivés.
- **Donner une autre image de l'entreprise** – De par leur taille ou leur ancienneté, certaines entreprises peuvent effrayer les jeunes diplômés. La tenue d'un chat RH ou d'un webinaire permet de redonner une dimension humaine dans la relation entreprise candidat. Le candidat ne s'adresse plus à une « institution », mais à un professionnel d'une entreprise.

Quelques conditions de réussite :

- **Adopter un style franc et direct** – Le « plus » du chat RH réside dans la dimension humaine qu'il introduit dans la relation entreprise/candidat. Les chats réussis sont généralement ceux où les RH et les opérationnels s'expriment ouvertement et répondent aux questions des participants sans langue de bois.
- **Préparer** – En dépit de leur intérêt pour une problématique, il arrive que les participants d'un chat – *a fortiori* s'ils sont

jeunes – n'osent pas poser leur question, ou en tout cas pas dès le début. Pour éviter un « blanc » embarrassant, mieux vaut préparer à l'avance quelques questions de manière à lancer la discussion. Ce « balisage » permet également de combler les questions importantes que les participants n'auraient pas soulevées.

- **Promouvoir l'événement** – La qualité de la promotion du chat est aussi importante que la qualité des intervenants. À défaut de promouvoir activement l'événement (mailing, réseaux sociaux, etc.), l'entreprise prend le risque que les candidats passent à côté.

E. Les *serious games*

Les *serious games,* ou jeux sérieux, sont des dispositifs qui s'appuient sur des moyens ludiques – comme les jeux vidéo, les simulations – pour atteindre un objectif « sérieux » – tel que le recrutement, la formation ou le marketing.

Lorsqu'ils sont utilisés dans un objectif de recrutement, les *serious games* prennent souvent la forme de jeux en ligne dans lesquels le candidat peut se confronter à l'univers de l'entreprise, ses métiers ou ses produits. En dépit de la grande diversité des scénarios, certains principes se retrouvent dans la plupart des jeux :

- Les participants, seuls ou en équipe, doivent généralement accomplir un certain nombre de missions qui leur rapportent des points qui eux-mêmes déterminent un classement.
- Ces missions sont l'occasion de découvrir l'entreprise : sa culture, son organisation, ses collaborateurs, ses produits.
- Les participants victorieux ou bien classés se voient proposer une récompense (prix financier, offre de stage, journée d'immersion, etc.).

Les avantages des *serious games :*

- **Repérer des candidats motivés** – Les participants d'un *serious game* consacrent un temps significatif pour s'inscrire et remplir les différentes missions du jeu. Cet investissement en temps n'est pas anodin et témoigne souvent d'un intérêt réel du participant pour l'entreprise.

- **Présenter une image différente de l'entreprise** – Pour une entreprise, l'utilisation d'un *serious game* peut être une bonne façon de moderniser son image ou d'instiller une touche de ludique si son secteur bénéficie d'une mauvaise image.
- **Internationaliser son sourcing de candidats** – Généralement basés sur un système de logiciel en ligne, les jeux permettent de toucher facilement des candidats de tous les pays.

Zoom

Le *serious game* de la Société Générale : Citizen Act

Source : www.citizenact.com/.

Axé sur la responsabilité sociale et environnementale, le jeu de la Société Générale a rassemblé cinquante-cinq équipes dans le monde.

Le premier prix a récompensé un projet de microcrédit basé sur la construction d'un site Internet, qui permet aux clients de la banque d'investir dans des projets de micro-entreprenariat.

Pour réussir, les entreprises qui songent à mettre en place des *serious games* nous semblent devoir respecter certaines conditions :

- **Tenir compte de l'abondance de l'offre** – Chaque année, les étudiants se voient offrir la possibilité de participer à de très nombreux jeux. Pour attirer, l'entreprise a intérêt à présenter un projet original et à en faire une promotion active auprès de ses cibles.

- **Ne pas trop déléguer** – L'assistance d'une agence spécialisée dans la conception de *serious games* est, certes, indispensable, mais l'entreprise doit suivre attentivement l'évolution du projet si elle souhaite que ce dernier lui ressemble.
- **Mobiliser les collaborateurs de l'entreprise** – La conception d'un *serious game* et sa mise en place représentent une belle occasion d'associer les collaborateurs de l'entreprise au recrutement de leurs futurs collègues.

Troisième partie

INTÉGRER

« L'intégration apparaît comme une voie médiane entre deux opposés que sont l'assimilation et l'insertion. »

Dictionnaire Larousse

Chapitre 7

L'ÉVOLUTION DU CONCEPT D'INTÉGRATION

Avant de nous pencher sur les différentes phases de l'intégration (recrutement, premiers jours, etc.), il nous semble important de revenir sur la notion d'intégration et ses objectifs à la lueur des attentes des jeunes collaborateurs et des idées reçues existant en la matière.

I. LES IDÉES REÇUES SUR L'INTÉGRATION DES JEUNES EN ENTREPRISE

A. Un processus simple

Si la littérature RH consacrée à l'attraction des jeunes est abondante et populaire, celle relative à leur intégration se fait plus discrète. Le caractère interne – et donc confidentiel – du processus d'intégration contribue à cette discrétion médiatique, mais d'autres facteurs sont à prendre en compte.

Tout d'abord, de nombreux responsables considèrent que l'intégration des nouveaux embauchés est un processus relativement simple au regard des difficultés pour attirer. En clair, beaucoup considèrent qu'une fois le contrat de travail signé, le plus dur est fait. Dans cet esprit, l'intégration serait un processus relativement naturel, découlant de la qualité du recrutement. Relativement répandue en entreprise, cette perception l'est d'autant plus à l'égard d'un public jeune. Sans que cela soit nécessairement dit ouvertement, on retrouve l'idée selon laquelle les jeunes seraient plus malléables et donc s'adapteraient plus facilement aux nouveaux contextes, personnes, etc.

B. Un processus qui s'opère naturellement

C'est le corollaire de l'idée de simplicité précédemment évoquée. En d'autres termes, si les jeunes s'intègrent sans difficultés, il est inutile de mobiliser beaucoup de ressources pour concevoir des programmes d'intégration, les animer, les évaluer, etc.

Cette conception a des répercussions en matière d'organisation de la fonction RH. Dans de nombreuses structures, l'essentiel des collaborateurs est mobilisé sur la dimension amont, consacrée à l'attraction des jeunes. Même dans les grandes entreprises, le processus d'intégration fait rarement l'objet d'un poste à part entière, alors que les fonctions de recrutement et de communication RH occupent de nombreux collaborateurs.

II. INTÉGRER VS. FORMATER

Quel est l'objectif du processus d'intégration ? La question est faussement simple et force est de constater qu'en la matière, les préoccupations des entreprises ne convergent pas nécessairement avec les attentes des jeunes collaborateurs.

A. Vision entreprise : rendre efficace rapidement

Interrogées dans une étude[1] sur les raisons pour lesquelles elles mettent en place des programmes d'intégration, les entreprises mettent surtout en avant des arguments liés à la productivité du collaborateur. En clair, l'objectif est de rendre les nouveaux venus efficaces plus rapidement en leur donnant une meilleure compréhension de ce qu'est l'entreprise :

1. « L'intégration de la génération Y en entreprise aujourd'hui », IAE Lyon, 3 novembre 2009.

- d'un point de vue « conceptuel » : historique, stratégie, organisation, règles internes, etc. ;
- d'un point de vue « culturel » : valeurs de l'entreprise, normes de comportement, etc.

Les entreprises s'accommodent donc fort bien d'un certain « formatage » des nouveaux embauchés. Faire en sorte que les collaborateurs soient efficaces plus rapidement et s'assurer qu'ils maîtrisent les codes de l'entreprise, quoi de plus normal en somme ?

La première limite de ce raisonnement apparaît toutefois lorsque l'on demande aux mêmes entreprises les compétences qu'elles recherchent en priorité chez les jeunes. À la lecture des résultats, les entreprises valorisent d'abord les jeunes qui font preuve d'innovation et d'anticipation.

La question est donc de savoir jusqu'où l'entreprise peut aller dans le « formatage » sans nuire à sa propre recherche d'innovation. Au-delà, on peut se demander si cette vision de l'intégration répond aux attentes de jeunes collaborateurs.

B. Vision jeune : s'intégrer sans se dissoudre

Pour bien comprendre les attentes et les craintes des jeunes collaborateurs, il est utile de replacer la période d'entrée dans la vie professionnelle dans un contexte plus global.

Première observation, cette période d'entrée dans l'entreprise succède souvent à une phase d'étude où les jeunes disposent d'une grande liberté d'organisation et de comportement. Quiconque fréquente les bancs de la fac peut d'ailleurs se rendre compte de la diversité des « modèles » en place.

L'exemple des révisions est éclairant de ce point de vue. Les étudiants ont une grande liberté pour organiser leur travail, en fonction de leurs contraintes et leurs préférences. Nombre d'entre eux peuvent ainsi choisir le « style » de révisions qui leur convient : régulier ou par à coups, de jour ou de nuit, seul ou en groupe, en bibliothèque ou chez eux, etc. Cette possibilité de choix est d'ailleurs célébrée et associée à la maturité et la prise d'autonomie des jeunes.

Julien Pouget. Ed. Vuibert

Zoom

L'entreprise vue par les jeunes

Réalisée en avril 2009 auprès de 1 001 jeunes salariés âgés de 20 à 30 ans, l'étude Cegos a notamment fait le point sur la perception du monde du travail avant et après la première expérience professionnelle.

Votre vision du monde du travail avant et après votre première expérience

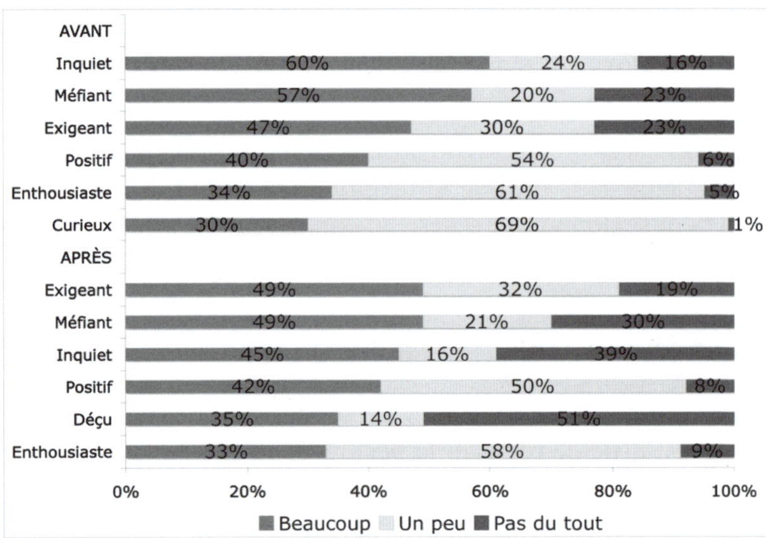

Source : « Les 20-30 ans et le travail », Cegos, avril 2009.

Comme le montrent les résultats, les deux sentiments, qui expriment le mieux l'état d'esprit des jeunes à l'abord de leur première expérience professionnelle, sont l'inquiétude et la méfiance. Concrètement, environ 60 % des jeunes avouent être très inquiets ou très méfiants avant leur première expérience professionnelle. À l'inverse, seulement 34 % se disent très enthousiastes.

Après la première expérience professionnelle, le sentiment d'exigence revient en tête des perceptions des jeunes vis-à-vis du monde du travail (49 % de « très exigeants »). À noter toutefois, les sentiments de méfiance et d'inquiétude restent à des niveaux très élevés même après une première expérience (49 % de « très méfiant » et 45 % de « très inquiet »).

Partant de ce constat, le monde de l'entreprise est souvent perçu comme un monde de contraintes. De par leur entourage ou leurs expériences professionnelles, les jeunes ont conscience que le passage en entreprise s'accompagnera d'une perte de liberté (horaires, style vestimentaire, liberté de ton, etc.).

Les sentiments d'inquiétude et de méfiance sont très présents (voir encadré ci-contre) et concernent notamment la question de la perte d'identité. Dit autrement, beaucoup d'étudiants se demandent si l'entreprise leur laissera une marge de liberté pour exister en tant qu'individus.

Cette crainte est d'autant plus forte pour les jeunes Y qui font moins la différence entre l'univers professionnel et privé. L'interpénétration croissante des deux univers, facilitée par les technologies, a renforcé le désir d'« emmener une partie de soi au travail ». En d'autres termes et cela leur est d'ailleurs souvent reproché, les Y ont tendance à vouloir se comporter au travail comme ils se comportent chez eux.

C. Une nécessaire réconciliation des points de vue

Face aux appréhensions que nous venons d'évoquer, la période d'intégration a valeur de test. C'est durant ce premier contact avec l'entreprise que le jeune collaborateur va infirmer ou confirmer ses craintes et se forger une première vision de l'entreprise. Cette première vision est importante, car elle va influer sur le comportement des nouveaux embauchés et sur leur niveau d'implication dans l'entreprise.

Dans ces conditions, une intégration trop « cadrée », qui laisse peu d'espace de liberté, risque d'avoir un effet contre-productif. L'entreprise prend le risque que les jeunes aillent s'investir ailleurs, dans d'autres contextes (associatifs, personnels, etc.), où ils disposeront d'un espace de liberté plus important.

En conclusion, si une certaine dose de formatage est compréhensible, l'intégration doit aussi permettre aux nouveaux venus de s'exprimer et d'être acteurs de leur intégration. C'est en gardant ce principe à l'esprit que nous nous pencherons sur les différentes phases de l'intégration.

Chapitre 8

LE RECRUTEMENT, PREMIÈRE ÉTAPE D'UNE INTÉGRATION RÉUSSIE

La littérature RH fait souvent débuter la période d'intégration au jour où le salarié rejoint l'entreprise. À l'inverse, nous pensons que beaucoup de choses se jouent avant, dès le recrutement.

I. ÉLARGIR LES ACTEURS DU RECRUTEMENT

Recruteurs et managers forment le duo classique du parcours de recrutement d'un jeune diplômé. La répartition des tâches entre ces deux acteurs diffère d'une entreprise à l'autre, mais la composition du duo est presque toujours la même.

À l'image de certaines entreprises, nous pensons que plusieurs arguments militent pour que d'autres acteurs soient intégrés à ce processus.

A. Intégrer les futurs collègues dans l'équation

Comme nous l'avons évoqué précédemment, les jeunes collaborateurs accordent une grande importance à l'environnement dans lequel ils vont travailler. La notion d'environnement est ici à prendre au sens large et concerne aussi bien l'organisation physique des locaux que l'ambiance qui y règne.

Une récente étude[1] a ainsi montré que la dégradation de l'ambiance de travail était de loin la première cause de départ des jeunes. Dans ces conditions, l'entreprise a tout intérêt à intégrer les futurs collègues dans le processus de recrutement, car ces derniers représenteront un élément majeur de l'« écosystème » du futur collaborateur. La qualité de la relation entre le jeune et ses collègues aura une influence sur sa rapidité d'apprentissage et son niveau d'engagement dans l'entreprise.

En conséquence, plus l'entreprise anticipe cette rencontre, plus elle diminue les risques de déception, et donc de départ anticipé ou de désengagement. S'il m'est permis une comparaison osée, la question de la rencontre des futurs collègues est similaire à la question de la vie commune avant le mariage. L'immense majorité des jeunes souhaitent tester avant pour éviter les surprises.

Et si les futurs collègues n'ont aucune expérience du recrutement ?

Aucune importance, l'objet de cette rencontre n'est pas de valider des compétences ou un projet professionnel. Il s'agit avant tout de mettre en rapport de futurs collègues, de leur permettre de se projeter dans un avenir commun et de repérer les incompatibilités d'humeur manifestes.

Intégrer les futurs collègues dans le processus du recrutement présente de nombreux avantages :

Vis-à-vis des collaborateurs présents dans l'entreprise – Les collaborateurs présents dans l'entreprise, *a fortiori* s'ils sont jeunes, apprécieront le fait d'être associés au choix d'un candidat. Ils percevront cette demande comme une marque de confiance et seront reconnaissants vis-à-vis du manager recruteur qui a sollicité leur avis.

En associant les collaborateurs existants à la décision de recrutement, l'entreprise augmente les chances de réussite de l'intégration, car elle donne aux deux parties le sentiment d'un choix mutuel. Parce qu'ils auront contribué à le choisir, les collaborateurs de l'en-

1. « Les 20-30 ans et le travail », Cegos, avril 2009.

treprise se sentiront probablement plus concernés par l'intégration du jeune collaborateur. Ils feront sans doute plus d'efforts pour lui expliquer le fonctionnement de l'entreprise, le présenter ou l'inviter à déjeuner que si le candidat leur avait été « imposé ».

Vis-à-vis du candidat – Les différentes rencontres peuvent être l'occasion de parler explicitement d'intégration. Les jeunes collaborateurs apprécieront tout particulièrement de pouvoir échanger avec des collaborateurs plus seniors sur leur propre parcours d'intégration. Ces échanges permettent aux jeunes de poser des questions concrètes qu'ils n'osent pas toujours poser aux recruteurs. De plus, ce peut être l'occasion pour l'entreprise d'identifier de futurs tuteurs. Un collègue qui s'implique fortement dans le recrutement d'un jeune sera sans doute intéressé pour devenir son tuteur si ce jeune est recruté.

Comment organiser la rencontre entre le candidat et ses futurs collègues ?

Même s'il n'existe pas de format idéal pour ce type de rencontre, deux points permettent, selon nous, d'optimiser son déroulement.

Concernant le lieu de la rencontre, il est important de prévoir un endroit qui soit propice aux échanges. De ce point de vue, les locaux de l'entreprise ne sont pas toujours la meilleure option, car le collaborateur court le risque d'être interrompu. De plus, du point de vue du candidat, ce lieu est associé aux entretiens de recrutement formels qu'il a déjà passés. Il risque donc d'être « sur ses gardes » et de peu se livrer.

En ce qui concerne le type de comportement à adopter lors de la rencontre, on ne saurait que trop recommander aux collaborateurs d'être naturels. L'objectif n'est pas de se montrer sous son meilleur jour, mais de se montrer tel que l'on est, avec ses imperfections. Inutile donc de gommer certains aspects de son caractère ou de feindre d'être d'accord avec tout ce que dit le candidat si ce n'est pas le cas.

En conclusion, quelques conditions de réussite pour cette rencontre entre le candidat et ses futurs collègues :

- **Expliquer l'objectif de la rencontre** – Il s'agit d'expliquer aux collaborateurs qui rencontreront le candidat la contribution que l'on attend d'eux. Une manière simple de réaliser l'exercice pour le manager est de lister avec ses collaborateurs les points qui seront discutés lors de la réunion de débriefing.

- **Débriefer** – Il est impératif que le manager, ayant sollicité l'avis de ses collaborateurs sur un candidat, prenne le temps de débriefer avec eux. À défaut, l'exercice peut se révéler contre-productif, car le collaborateur aura le sentiment qu'il a été consulté pour la forme et que la décision était jouée d'avance. Pour les mêmes raisons, il peut être judicieux pour un manager de faire rencontrer à ses collaborateurs des candidats en phase de *short-list*. Être consulté alors qu'il ne reste qu'un seul candidat ne présente qu'un intérêt modéré pour le collaborateur.
- **Prévoir du temps pour cette démarche** – Même si le jeu en vaut la chandelle, il est important d'avoir à l'esprit que ce type de démarche prend du temps. Le manager devra prévoir du temps pour cadrer et débriefer ses collaborateurs. Il devra également leur libérer du temps pour la rencontre du candidat. Un jeune postulant sera souvent favorablement impressionné par le fait qu'une entreprise prend du temps pour mieux le connaître.

B. Les amis et la cooptation

Utiliser le carnet d'adresses des collaborateurs de l'entreprise, pour effectuer des recrutements, est une technique qui présente de nombreux intérêts. Pour l'entreprise, c'est souvent la possibilité de recruter rapidement des profils spécifiques pour un coût limité. Généralement, les primes de cooptation, offertes aux collaborateurs, sont nettement moins coûteuses que les honoraires d'un chasseur de têtes. De plus, ce mode de recrutement paraît très adapté pour les entreprises qui ciblent la génération Y.

Comme nous l'avons vu précédemment, une étude a montré que les jeunes qui débutent sont majoritairement inquiets et méfiants. Ces sentiments sont parfois alimentés par le fait que l'entreprise ne communique pas sur des points essentiels à leurs yeux tels que l'ambiance, les horaires ou les locaux.

Zoom

L'e-cooptation : l'application Facebook *Work With Me*

Créée en 2008 par l'agence de communication TMP Neo, l'application Facebook Work With Me permet aux collaborateurs de diffuser sur leur profil Facebook une sélection de postes à pourvoir dans leur entreprise.

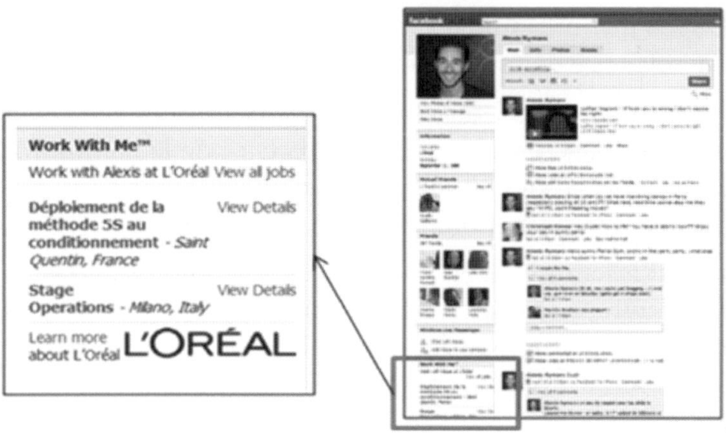

© Facebook.

Les collaborateurs peuvent ainsi informer leurs amis Facebook d'une opportunité professionnelle dans leur entreprise. De leurs côtés, les amis peuvent consulter une sélection de postes à pourvoir et sont redirigés vers le site emploi de l'entreprise, s'ils sont intéressés.

Utilisée par des entreprises qui ciblent de nombreux jeunes diplômés – comme L'Oréal, Areva et Logica –, l'application est une initiative intéressante, car elle met en lumière deux tendances de fond : la forte connectivité des membres de la génération Y et leur fonctionnement naturel en réseau.

Quels bénéfices attendre de ce type d'outil ?

- **Une diversification du sourcing –** À l'opposé d'une campagne grand public, on s'adresse aux « amis d'amis » qui ont souvent fait la même formation et sont susceptibles d'être intéressés.
- **Un gain en termes d'image –** Si ce type d'outil paraît inadapté pour générer des volumes importants de recrutement, il peut contribuer à donner une image plus dynamique à une entreprise.

- **Des candidatures plus « réfléchies »** – Parce que le cooptant et le coopté se connaissent, ils vont échanger librement sur des sujets comme les horaires ou l'ambiance, donc il y a plus de chances que le candidat postule en connaissance de cause.

Or, dans le recrutement par cooptation, le collaborateur et le candidat se connaissent et vont très probablement échanger sur ces questions « sensibles ». Les candidatures provenant de cette voie ont donc toutes les chances d'être « réfléchies » par les candidats. De plus, on imagine qu'un candidat recommandé par l'un de ses amis aura moins tendance à démissionner à la légère afin d'éviter de lui nuire.

Interrogée à l'occasion du déploiement d'un outil d'e-cooptation (voir encadré page précédente), la Directrice de la communication RH d'Areva déclarait connaître 30 % de démissions en moins avec les méthodes de cooptation.

Enfin, pour le jeune collaborateur, le fait de pouvoir échanger sur les codes de l'entreprise (style vestimentaire, horaires, tutoiement, etc.) est aussi un avantage pour son intégration. En connaissant à l'avance ces codes et en évitant les faux-pas, le jeune collaborateur sera sans doute plus en confiance lors de ses débuts.

II. ADAPTER LE CONTENU DU PROCESSUS DE RECRUTEMENT

Nous venons de le voir, il peut être intéressant d'associer d'autres acteurs, comme les collègues ou les amis, au processus de recrutement. Au-delà, le contenu même du processus nous paraît devoir être adapté pour répondre aux attentes des membres de la génération Y.

A. Être concret

Le concret est sans doute la première attente d'un jeune en phase de recrutement. Cette attente résulte bien sûr de son absence d'expérience professionnelle, mais pas uniquement.

Les membres de la génération Y n'ont pas le même rapport au temps que les générations précédentes. Une part importante d'entre eux a grandi dans un monde en mutation accélérée où les changements rapides (économiques, politiques, technologiques) représentent la norme. Dans ces conditions, les Y ont donc tendance à raisonner avec un horizon de temps plus court.

C'est en gardant cette clé de lecture à l'esprit que nous partagerons avec vous quelques bonnes pratiques.

La fiche de poste

Parler des évolutions d'une entreprise dans les dix ans à venir ou des parcours de carrière n'a pas forcément de sens pour un Y. Sa préoccupation première est de savoir ce qu'il va faire « aujourd'hui » et dans les mois à venir.

Par conséquent, il peut être intéressant pour le recruteur de se baser sur une fiche de poste lors de l'entretien. L'idée est de pouvoir balayer avec le jeune candidat ce qu'il pourrait être amené à faire concrètement, à brève échéance, dans le cadre du poste.

La présentation du poste de travail

Présenter à un jeune candidat son futur poste de travail est, à notre avis, essentiel. Nous l'avons vu, une des attentes fortes de cette génération concerne l'ambiance de travail et les bureaux. Aux yeux des Y, un cadre de travail agréable constitue un indice que l'entreprise s'intéresse au bien-être de ses salariés.

Un recruteur qui fait faire le « tour du propriétaire » à un candidat, à l'occasion d'un entretien, a donc toutes les chances de marquer des points. Cette présentation du poste va permettre au candidat de repérer un certain nombre d'indices (espace, proximité des collègues, tenue vestimentaire, modernité de l'équipement informatique) qui vont l'aider à se projeter dans l'entreprise.

Et si le poste de travail proposé n'est pas attirant ?

Mieux vaut jouer la transparence en la matière. Un jeune collaborateur qui découvre, après coup, un environnement de travail dégradé (à l'exemple d'ordinateurs obsolètes, de peu d'espace, etc.) risque d'avoir le sentiment d'avoir été trompé. Montrer cet environnement dès le départ aura probablement pour effet de repousser certains candidats, mais ceux qui décideront de poursuivre le feront en connaissance de cause.

Répondre aux questions qui fâchent

La recherche d'un équilibre entre vie personnelle et vie professionnelle constitue, nous l'avons vu, l'une des principales attentes des jeunes qui arrivent en entreprise. Parmi leurs préoccupations figurent donc « les fameuses questions qui fâchent » (voir encadré ci-après) qui ont le don de désarçonner ou d'énerver les managers en place.

Face à la probabilité (importante) de se voir poser l'une de ces questions, un manager a deux options.

1. **Ne pas répondre et/ou montrer son indignation** – Cette position « ferme » n'est, à notre avis, pas la bonne pour deux raisons. D'une part parce que dans l'esprit d'un Y, le fait de poser cette question n'a rien de provocant. Il s'agit simplement de connaître les us et coutumes de l'entreprise afin de se projeter dans ce contexte. Les Y veulent savoir qu'elle est le « deal » proposé par l'entreprise. Certains profils sont prêts à consentir une vie personnelle limitée contre une progression rapide, mais tous veulent connaître précisément la nature des enjeux. Et d'autre part parce que ces questions ne sont pas nécessairement le fait de candidats « touristes ». De très bons profils, motivés par le poste, sont également susceptibles de poser ce type de question. Adopter une position définitive sur les candidats est donc un pari risqué.

> **QUESTION**
>
> **Les questions qui fâchent**
>
> En échangeant avec des responsables et des managers, nous avons recueilli les questions qui ont le don de les agacer. Au palmarès officieux, on retrouve souvent :
>
> - « Vous êtes aux 35 heures ? », « Vous avez combien de jours de RTT par an ? »
> - « Vous avez des tickets restaurants ? », « À combien ? »
> - « Vous fermez à Noël ? »
> - « On peut prendre des vacances au bout de combien de temps ? »
> - « Il est bien, le comité d'entreprise ? »
> - « Elle rembourse bien, votre mutuelle ? »

2. **Répondre ouvertement** – C'est à notre avis la meilleure option. Tôt ou tard, le jeune finira bien par savoir si l'entreprise propose des RTT ou non ou si elle dispose d'un comité d'entreprise. Mieux vaut être franc tout de suite et répondre ouvertement à ce type de question.

B. Multiplier les modes de rencontre

Même dans un cadre professionnel, les Y s'attendent à être reconnus en tant que personnes. Pour eux, leur personnalité et leurs compétences forment un tout indissociable qui doit être pris en compte par l'entreprise.

De ce point de vue, la méthode de l'entretien individuel n'est pas idéale si elle constitue le seul mode de rencontre entre le candidat et l'entreprise. Souvent réalisés « à plat », les entretiens individuels ne laissent pas toujours de place à la personnalité du candidat. Et même lorsqu'ils tentent d'y faire une place, les recruteurs se heurtent de plus en plus aux discours formatés et autres « récitations » apprises à l'avance.

Pour toutes ces raisons, nous pensons que les entreprises ont intérêt à diversifier les modes de rencontre avec les candidats. Concrètement, il peut s'agir d'utiliser des mises en situations ou de petits cas pratiques inspirés de l'activité de l'entreprise.

Alternativement, l'entreprise peut inviter le jeune avant son recrutement à participer à un moment de convivialité (séminaire d'entreprise, journée de team building, etc.). De cette manière, le candidat et l'entreprise pourront se découvrir sous un angle différent et mieux se connaître avant de poursuivre ensemble.

III. OPTIMISER LA FINALISATION DU RECRUTEMENT

La période, qui sépare l'envoi d'une proposition au candidat de son premier jour dans l'entreprise, fait rarement l'objet de développements dans les ouvrages de ressources humaines. Cette période de finalisation nous paraît cependant décisive pour la bonne intégration du candidat dans l'entreprise.

A. Les enjeux de la période de finalisation

Lorsqu'il envoie une proposition à un candidat, le recruteur peut avoir l'impression d'avoir accompli le plus dur. Toutefois, plusieurs arguments plaident pour que ce dernier ne relâche pas son attention. Il n'est pas rare qu'un candidat reçoive plusieurs offres. Même si globalement, le niveau de chômage des jeunes est important, les recruteurs se disputent souvent les mêmes profils. C'est pourquoi, un jeune candidat de qualité sera vraisemblablement encore en phase de réflexion à l'heure où il reçoit l'offre du recruteur. En conséquence, les enjeux liés à la période de finalisation sont importants et s'articulent autour de deux points.

- **Sécuriser le recrutement** – Comme nous l'avons évoqué, le candidat est encore en phase de choix. Ceci implique qu'il peut très bien décliner l'offre du recruteur, voire l'accepter et ne pas se présenter le premier jour. Cette éventualité, particulièrement désagréable pour le recruteur, milite pour que l'entreprise soit active durant la période de finalisation et multiplie les occasions de contact avec les candidats. Nous développerons par la suite quelques exemples de bonnes pratiques en la matière.
- **Donner une première impression favorable** – Même s'il répond favorablement à la proposition, le candidat, en particulier s'il est jeune, prêtera une grande attention à la façon dont l'entreprise communique avec lui dans les semaines ou les jours qui précèdent son arrivée. Comme nous l'avons précédemment évoqué, il faut garder à l'esprit que l'inquiétude et la méfiance sont les deux sentiments les plus représentatifs[1] de l'état d'esprit des jeunes diplômés avant leur première expérience professionnelle. Les signaux diffusés par l'entreprise, lors de la période de finalisation du recrutement, auront donc valeur de test. Bien menée, cette période permettra de renforcer le candidat dans son choix en lui donnant une bonne première impression. Dans le cas inverse, elle ne fera qu'accentuer le sentiment d'inquiétude et de méfiance, handicapant la réussite de l'intégration.

---

1. « Les 20-30 ans et le travail », Cegos, avril 2009.

B. Quelques bonnes pratiques favorisant l'intégration des jeunes collaborateurs

Comme nous venons de le voir, la période de finalisation du recrutement est décisive, car elle va conditionner le choix du candidat de rejoindre l'entreprise et la première impression qu'il s'en fera en tant que collaborateur. L'entreprise a, en particulier, tout intérêt à « s'appliquer » sur deux points.

La formulation de l'offre

Précisons-le d'emblée, l'objet de ce paragraphe n'est pas de s'attarder sur les subtilités du droit social français et notamment sur la distinction entre une lettre d'intention et un contrat de travail. Il s'agit avant tout de répondre à la question du « qui » et du « quand », en gardant à l'esprit que l'on s'adresse à public jeune et souvent inexpérimenté.

■ Qui ?

Faut-il laisser au recruteur le soin de formuler la proposition d'embauche ou faut-il réserver cette initiative au futur manager du jeune ? La pratique en la matière varie d'une entreprise à l'autre, mais plusieurs arguments militent pour que le manager soit à l'origine de l'offre.

Comme nous le détaillerons dans la quatrième partie de cet ouvrage, consacrée au management, les Y entretiennent souvent un rapport émotionnel avec leur manager. Au-delà d'un simple « donneur d'ordre », les Y sont en attente d'un mentor, d'un « coach » avec lequel ils pourront partager plus que des tâches ou des missions. Dans ces conditions, il est important que le futur manager soit à l'initiative de la formulation de l'offre, car c'est le point de départ de cette relation.

Du point de vue d'un Y, faire envoyer la proposition par un service « administratif » peut s'apparenter à un manque d'intérêt de la part du manager. Pour prendre une image un peu osée, c'est un peu comme si une demande en mariage était transmise par voie d'huissier. À l'inverse, les Y considéreront comme une marque d'estime le fait que leur futur manager prenne le temps de les contacter personnellement pour leur faire la proposition d'embauche.

▪ Quand ?

Comme nous l'avons évoqué dans l'introduction de cet ouvrage, les membres de la génération Y ont souvent un goût prononcé pour l'instantanéité. En d'autres termes et pour reprendre les mots de certains managers, « Ils veulent tout et tout de suite ». La proposition d'embauche ne fait pas exception à la règle : les Y s'attendent à ce qu'elle leur parvienne rapidement.

De plus, leur inexpérience fait qu'ils ont du mal à imaginer les raisons objectives (« navettes » entre services, attente de signature, etc.) expliquant le délai d'attente. Ainsi, ils auront tendance à voir dans une proposition reçue tardivement le signe d'une hésitation de leur manager ou d'une moindre envie.

▪ Et si mon entreprise ne peut pas aller vite ?

Dans bien des cas, les recruteurs sont tributaires de processus longs, telle que la signature, dont ils n'ont pas la maîtrise.

L'exemple classique en période de crise est le processus qui impose de soumettre toutes les propositions d'embauche à la signature du dirigeant. Cette règle, qui vise à contrôler strictement la masse salariale, a souvent des effets collatéraux pour les candidats. Ces derniers doivent souvent patienter plusieurs semaines, le temps que le dirigeant trouve le temps de signer les différentes propositions.

Dans ces cas où le recruteur sait qu'il ne pourra pas être rapide, il existe quelques astuces qui permettent de limiter les « pertes » de jeunes candidats impatients.

- **Donner de la visibilité sur le processus** – Comme nous l'avons évoqué, les jeunes diplômés n'ont souvent aucune idée des raisons qui expliquent le délai séparant la tenue du dernier entretien de la formulation d'une offre d'embauche. L'un des moyens, pour éviter qu'ils interprètent à tort ce délai, est tout simplement de leur expliquer où en est leur dossier. Leur contrat attend une signature ? Le logiciel qui émet les contrats est indisponible ? Expliquez-le leur… Et il y a fort à parier qu'ils comprendront ce délai.
- **Appeler le candidat** – Faire part au candidat d'un retard potentiel dans le délai est appréciable. Lui renouveler son sou-

hait de le voir intégrer l'entreprise l'est d'autant plus. Une fois encore, il nous semble que le futur manager est la personne la plus adaptée pour annoncer un retard à un candidat et lui faire part de son souhait de le voir rejoindre l'entreprise.

- **Envoyer des documents** – L'idée est de permettre au candidat de se projeter en dépit de l'attente à laquelle il est soumis. Dans bien des cas, rien ne s'oppose à ce qu'un exemplaire des « conditions générales » du contrat de travail lui soit envoyé. De même, si une fiche de poste générique existe à propos de son poste, il peut être intéressant de la lui envoyer.

La signature du contrat

Dans la pratique, le contrat de travail est, la plupart du temps, envoyé par la poste avec une lettre type rappelant les formalités de signature imposées par la loi. Cette façon de procéder est sans aucun doute la plus efficiente pour l'entreprise, mais est-elle la plus adaptée pour l'accueil d'un jeune diplômé ? La formalisation d'un des engagements les plus importants dans sa vie ne mérite-elle pas autre chose qu'un échange de courriers recommandés ?

ZOOM

Le « rite » de la signature du contrat dans un groupe d'assurance

Les principales étapes du processus sont les suivantes :

- Les nouveaux embauchés sont reçus par le service des ressources humaines.
- Ils y rencontrent un gestionnaire de carrière avec qui ils balayent « les questions qui fâchent » (RTT, Ticket restaurant, etc.).
- Les principales conditions du contrat de travail sont ensuite passées en revue – et expliquées si besoin – et les parties procèdent à sa signature.
- L'entretien prend fin par la remise du livret d'intégration et un mot de bienvenue.

Comme nous l'avons évoqué dans l'introduction de cet ouvrage, l'une des caractéristiques des membres de la génération Y est d'être en perpétuelle quête de sens. Dans ces conditions, nous pensons que la signature du contrat peut constituer un « rite » porteur de sens pour un jeune diplômé.

Chapitre 9

LES PREMIERS JOURS

En matière d'intégration, beaucoup de choses se jouent dès les premiers jours. La qualité de la préparation et de l'accueil sont des éléments déterminants à prendre en compte concernant la fidélisation des jeunes collaborateurs.

I. UN COLLABORATEUR ATTENDU

À l'image de nombreux salariés, les Y sont très sensibles aux petites attentions des premiers jours. Les remarques ci-dessous peuvent donner l'impression de relever du détail, mais en matière d'intégration, ce sont précisément les « petits détails » qui font la différence. De notre point de vue, les entreprises ont tout intérêt à s'appliquer et à s'impliquer sur les points suivants.

A. L'invitation pour le premier jour

À l'approche de leur premier jour, les jeunes diplômés sont souvent anxieux et se posent beaucoup de questions. Fait surprenant pour les salariés expérimentés, ces interrogations ne concernent pas tant le « fond » du travail – intérêt des missions, encadrement, etc. – que sa « forme » – organisation pratique, erreurs à ne pas commettre, etc. Ainsi, au palmarès des préoccupations, on retrouve souvent la question de l'heure de début, de la personne à demander à l'accueil ou de la tenue vestimentaire.

Par définition peu expérimenté, le jeune collaborateur ne maîtrise pas les codes de l'entreprise et craint avant tout de commettre un faux-pas qui le disqualifie. Pour cette même raison, il n'osera souvent pas appeler l'entreprise pour clarifier ces incertitudes comme le ferait un collaborateur expérimenté. Sachant cela, le manager a tout intérêt à prendre les devants et à contacter le candidat quelque temps avant son premier jour pour lever ses interrogations et caler les aspects pratiques. L'exercice n'est pas dénué d'intérêt pour le manager. En plus de s'assurer de la présence du candidat, ce peut être l'occasion de faire le point sur la préparation logistique et de valider qu'il sera bien présent pour l'accueillir.

B. La préparation logistique

Au palmarès des situations qui mettent mal à l'aise les jeunes collaborateurs, les retards logistiques arrivent en bonne place. Rien de pire, en effet, pour un jeune collaborateur qui ne connaît personne de se retrouver sans ordinateur ou sans bureau pour son premier jour. Au-delà de la perte de temps, c'est l'assurance de mettre le jeune collaborateur dans l'embarras.

Pour éviter ces situations, nous recommandons à chaque entreprise de se construire une check-list logistique pour préparer l'arrivée ses nouveaux embauchés.

Exemple – La check-list logistique d'un cabinet d'audit

Logistique du nouvel arrivant M/Mme : **Date d'arrivée prévue :**	**Oui**	**Non**
Réalisation du badge d'entrée		
Commande ordinateur et sacoche À recevoir le : .... Remis le :		
Création d'un accès réseau et d'un compte e-mail		
Intégration dans les listes e-mail collaborateurs		
Téléphone mobile n° : .... À recevoir le : .... Remis le :		
Bureau n°:.................. Espace de rangement n° :		
Commande carte de visite À recevoir le : .... Remis le :		

À noter : il peut être intéressant d'impliquer un collaborateur récemment intégré dans la création ou la mise à jour d'une telle liste. Ce dernier pourra faire profiter de son expérience récente et pointer les éventuels oublis dans la liste.

II. LE PREMIER JOUR

Avant de partager quelques bonnes pratiques en matière d'accueil, il nous semble important de revenir sur la manière dont est vécu ce premier jour par les jeunes collaborateurs.

A. Le premier jour vu par le jeune diplômé

Pour un jeune diplômé, le premier jour est sans doute l'un des plus éprouvants de son intégration. Plusieurs raisons expliquent cet état de fait. La première est liée au changement complet d'environnement. Sans prétendre à l'exhaustivité, on peut imaginer que le jeune va changer d'horaires, de transport, de locaux, d'environnement technologique, de mode de restauration et d'interlocuteurs.

La seconde est liée au fait qu'il s'agit d'une première fois. Contrairement à un collaborateur expérimenté, qui a déjà eu l'occasion de vivre ce type de changement complet d'environnement, le jeune diplômé ne dispose d'aucun point de comparaison. Son premier jour sera donc comparativement plus éprouvant que celui d'un salarié expérimenté qui a déjà vécu la situation plusieurs fois et qui peut s'appuyer sur ses expériences passées.

TÉMOIGNAGE

… de Camille, jeune diplômée

« L'arrivée dans l'entreprise m'a rappelé la transition entre le collège et le lycée. On passe d'un environnement où on est les plus âgés et où on maîtrise tout, à un nouvel environnement où on est la plus jeune et où on ne connaît rien. »

Pour certains, la crainte de faire un faux-pas vient se greffer sur ce changement complet d'environnement et peut avoir un impact sur le niveau de stress ou de confiance en soi.

En résumé, l'entreprise qui accueille a deux défis : rassurer et donner des repères. C'est en gardant ces deux objectifs à l'esprit que nous nous proposons de partager avec vous quelques bonnes pratiques mises en place par des entreprises pour leurs nouveaux arrivants.

B. Quelques bonnes pratiques d'accueil

CONSEIL

« La photo du nouveau », l'initiative d'un groupe de BTP

L'arrivée d'un nouveau collaborateur dans une entreprise ne passe généralement pas inaperçue. Dans les couloirs ou à la cafétéria, les questions fusent rapidement : « Comment il s'appelle le nouveau ? », « Il est là pour combien de temps ? », « C'est qui son manager ? », etc.

Face à cette situation, une entreprise de BTP a mis en œuvre un dispositif très simple : la photo et le CV de tous les nouveaux arrivants sont systématiquement affichés à l'accueil et dans la cafétéria. Le CV est volontairement simplifié et donne une place aux « autres activités » (loisirs, associations, etc.) et à la personnalité du nouvel arrivant.

Ce dispositif présente plusieurs avantages :

- Il met rapidement tous les collaborateurs à niveau d'information en leur donnant les éléments essentiels concernant le nouvel arrivant (nom, rattachement, statut, missions).
- Il permet souvent de briser la glace. Il n'est pas rare qu'un collaborateur qui croise le nouveau à la cafétéria s'appuie sur l'affiche pour engager la discussion avec le nouveau : « Alors comme ça vous rejoignez le service de M. X ».

À l'image de la logistique, l'une des conditions de succès de l'accueil réside dans la préparation et l'organisation. Ce tableau résume quelques-unes des bonnes pratiques en la matière.

Bonnes pratiques	Pourquoi
Aller chercher le jeune collaborateur à l'accueil	Ce geste sera perçu comme une marque d'estime. De plus, il évitera au nouvel arrivant d'avoir à se présenter lui-même aux personnes qu'il croisera sur le chemin de son bureau.
Prévoir une présentation en réunion d'équipe	Le traditionnel «tour des locaux» est loin d'être la panacée. Les collaborateurs ne sont pas toujours là ou à l'écoute. Mieux vaut compléter par un temps dédié lors de la réunion d'équipe.
Donner rapidement un trombinoscope	Se souvenir de tous les noms des personnes rencontrées relève de l'exploit. Donner un trombinoscope au jeune lui évitera l'embarras et lui permettra de communiquer de façon plus assurée.
Prévoir un moment avec le tuteur	C'est au cours des premiers jours que le jeune collaborateur a le plus besoin de soutien.
Inviter le jeune à déjeuner	Un nouvel arrivant, a fortiori jeune, n'osera pas nécessairement s'installer à une table avec des personnes qu'il ne connaît pas. Il est donc judicieux de «planifier» le déjeuner de manière à éviter que le nouvel arrivant se retrouve seul.

C. Quelques erreurs à ne pas commettre

Nous venons de partager quelques bonnes pratiques pour l'accueil des jeunes diplômés. À l'inverse, il existe selon nous certaines erreurs à ne pas commettre.

Erreurs	Pourquoi
Ne pas être là (pour le manager)	Cette absence risque d'être perçue comme un manque d'intérêt pour le jeune collaborateur. Si une obligation empêche le manager d'être présent, il doit en avertir le nouvel embauché et trouver quelqu'un pour le remplacer.
Prévoir un programme très chargé	La première journée est déjà très éprouvante en raison de toutes les nouveautés (environnement, interlocuteurs, etc.). Prévoir un programme chargé risque de submerger le nouvel arrivant et de le priver des temps indispensables de «socialisation» avec ses nouveaux collègues.
Fournir un livret d'accueil volumineux ou obsolète	Les livrets d'accueils très volumineux sont souvent le signe d'une absence de mise à jour – empilement d'informations parfois obsolètes – ou d'une utilisation inappropriée, tel que l'ajout d'autres contenus comme les processus qualité. De notre point de vue, le livret d'accueil ne doit contenir que des informations directement utiles à l'accueil d'un nouvel arrivant.

Chapitre **10**

DES PARCOURS D'INTÉGRATION ADAPTÉS

Nous venons d'évoquer ensemble quelques pistes pour optimiser l'accueil d'un jeune collaborateur et l'accompagner dans ses premiers jours au sein de l'entreprise. Il nous semble important à présent de faire le point sur les parcours d'intégration qui vont rythmer les premiers mois des nouveaux embauchés.

Précisons-le d'emblée, l'objectif de ce chapitre n'est pas de faire un cours sur les parcours d'intégration. De nombreux ouvrages existent en la matière et présentent de manière très précise les enjeux de l'intégration, ses acteurs et les conditions de réussite pour la mise en œuvre de parcours d'intégration.

Notre approche consiste à partir de la pratique actuelle des parcours en entreprise pour proposer quelques axes d'évolution et pour mieux répondre aux attentes des membres de la génération Y.

I. DE NOUVELLES ATTENTES À PRENDRE EN COMPTE

Les membres de la génération Y sont porteurs d'attentes fortes qui nous semblent devoir être prises en compte dans les parcours d'intégration.

A. L'envie d'être acteur

Les programmes d'intégration, qui se mettent en place aujourd'hui dans les entreprises, sont de plus en plus professionnels. Jadis intuitive ou inexistante, la période d'intégration est de plus en plus documentée par les entreprises, qui mettent souvent en place de véritable processus d'intégration. La mise en place de ces processus représente un progrès, car elle permet d'assurer la maîtrise d'un socle commun de connaissances par les nouveaux embauchés et évite que certains jeunes soient laissés à l'abandon.

Toutefois, une limite apparaît rapidement: les jeunes embauchés, « passés à la moulinette » de processus minutieux, sont rarement acteurs de leur intégration. Dans la majeure partie des cas, les parcours d'intégration « s'appliquent » aux jeunes embauchés. Ces derniers assistent aux différentes étapes (séminaire d'intégration, formation découverte de l'entreprise, etc.), mais peuvent rarement y apporter leur touche ou y exprimer leur créativité.

Or, notre conviction est, qu'à l'école comme en entreprise, les Y ont beaucoup de difficultés à s'inscrire dans un modèle d'apprentissage « passif » où ils ne sont pas acteurs. L'envie de participer, d'apporter sa touche personnelle est forte et peine à s'exprimer lorsque les processus sont cadrés trop rigoureusement. Pour cette raison, il nous semble important que les entreprises laissent « de l'espace » aux jeunes dans leur parcours d'intégration et encouragent la prise d'initiative de leur part. Nous présenterons un peu plus loin la démarche des « séminaires d'intégration inversés », qui prend en compte cette attente.

B. Le « sur mesure »

Très liés au précédent point, les Y sont très sensibles aux organisations et aux managers capables de personnaliser. S'attendant à être reconnus en tant que personnes, les Y sont parfois déconcertés par les processus d'intégration « industriels », qui s'appliquent de manière indifférenciée à l'ensemble des nouveaux embauchés. De leur point de vue, leur personnalité et leurs compétences forment un tout inséparable qui doit être pris en compte par l'entreprise.

De son côté, l'entreprise affiche des préoccupations légitimes de maîtrise des coûts et de réduction de la complexité et s'accommode plutôt bien d'une certaine standardisation des parcours.

Ces deux points de vue sont-ils irréconciliables ?

Nous ne le pensons pas. D'abord, parce que beaucoup d'entreprises ont déjà commencé à personnaliser les parcours d'intégration pour certaines catégories de salariés (hauts potentiels, fonctions supports, etc.). Ensuite, parce que la personnalisation n'implique pas nécessairement de bâtir un parcours d'intégration entièrement nouveau pour chaque salarié. L'entreprise peut tout à fait conserver un socle commun auquel elle ajoute des mesures personnalisées.

Nous présenterons par la suite la démarche des « rapports d'étonnement action » qui fait écho à cette attente.

C. Internet et les TIC

Nous l'avons détaillé dans le chapitre 2 de cet ouvrage, les membres de la génération Y entretiennent un rapport étroit avec Internet et les technologies de l'information et de la communication. Dans leur vie quotidienne, les Y sont connectés la plupart du temps et vivent mal la perspective de devoir se passer d'Internet ou de leur ordinateur. Pourtant, c'est souvent à l'occasion de leur intégration dans l'entreprise que les Y « redécouvrent » le charme désuet des livrets, classeurs et autres documentations papier qui obligent le lecteur à lire du début à la fin pour trouver l'information qui lui manque.

Loin de relever du détail, ce décalage de format méconnaît, de notre point de vue, la façon dont les jeunes apprennent et dont ils se servent des technologies pour « digérer » l'information. Ainsi, de nombreux jeunes ne lisent plus les documents de A à Z, mais vont avoir tendance à faire des recherches par mots clés pour trouver la réponse à une question qu'ils se posent.

Prenons l'exemple du fameux « classeur d'intégration ». Il est de plus en plus rare qu'il soit lu du début à la fin par les jeunes embauchés. Ces derniers vont avoir tendance à le consulter périodiquement lorsqu'ils sont à la recherche d'une information. Dans cette optique, il est plus intéressant pour eux de disposer d'un support numérique dans lequel ils vont pouvoir rechercher des mots clés que devoir parcourir l'ensemble des chapitres pour trouver la réponse à leur question.

II. QUELQUES DISPOSITIFS INNOVANTS

Innover dans les programmes d'intégration pour mieux répondre aux attentes des Y est une idée assez facile à accepter pour une entreprise. Pourtant, nous constatons qu'il est difficile, en pratique, de passer de la parole aux actes.

Une récente étude[1], réalisée auprès de responsables RH, met en avant le décalage important entre l'intention et la réalisation en la matière. Ainsi, si 67 % des répondants s'accordaient sur l'importance de mettre en place des programmes d'intégration spécifiques pour accueillir les Y, seuls 27 % déclaraient avoir mis en place de tels programmes.

Nous venons d'évoquer ensemble des pistes d'évolution pour prendre en compte les attentes des Y en matière d'intégration. Pour illustrer ces principes, il nous semble intéressant de partager avec vous quelques exemples de dispositifs innovants.

A. Les « rapports d'étonnement action »

À l'image de nombreuses entreprises, une société du secteur agroalimentaire a mis en place un système de rapport d'étonnement à destination des nouveaux embauchés.

Le principe

Les jeunes embauchés sont invités, à l'occasion de leur séminaire d'intégration, à faire part de ce qui les a le plus étonnés dans l'entreprise (points forts, relation entre les collaborateurs, points à améliorer, etc.). À ce rapport d'étonnement « classique », s'ajoute une dimension opérationnelle plus originale : à l'issue du séminaire d'intégration, les axes d'amélioration identifiés par les nouveaux embauchés font l'objet d'une discussion entre le manager et le jeune. Le jeune se voit généralement confier un projet visant à mettre en

1. « L'intégration de la génération Y en entreprise aujourd'hui », IAE Lyon, 3 novembre 2009.

œuvre les idées d'amélioration qu'il avait identifiées dans son rapport d'étonnement. Une fois le projet terminé, le jeune a la possibilité de venir présenter ses résultats à l'occasion d'un comité de direction et/ou d'un autre séminaire d'intégration.

Les avantages du dispositif

Ce dispositif nous semble intéressant, car il est très responsabilisant pour les jeunes embauchés. À peine arrivés, ces derniers se voient confier l'amélioration de processus ou de pratiques de leur entreprise. De quoi développer leur sentiment d'appartenance et leur envie de proposer de nouvelles initiatives.

B. Le mentorat

Lorsque l'on évoque la question de la transmission des savoirs, beaucoup songent spontanément aux portefeuilles de clients, aux processus industriels, etc. Cette dimension opérationnelle est évidemment importante, mais il est aussi essentiel de s'interroger sur la transmission de la culture et des valeurs des entreprises du secteur.

Le principe

Très répandu en Amérique du Nord, le mentorat peut être défini comme étant « une relation entre deux personnes ne faisant intervenir aucun jugement dans laquelle une personne expérimentée, le “mentor”, consacre du temps pour soutenir une autre personne, le “mentoré”. La relation intervient à un moment de transition dans la vie du mentoré et dure pendant une période dense et significative. »

Appliqué au monde de la période d'intégration, le mentorat permet de créer des binômes entre des salariés expérimentés proches de la retraite et des jeunes collaborateurs qui découvrent le métier.

Les avantages du dispositif

Les dispositifs de mentorat présentent de nombreux avantages. Premièrement, ils créent un espace d'échange non hiérarchique qui « colle » à l'esprit de la génération Y. Les jeunes collaborateurs, préférant de loin les mentors aux « petits chefs », sont à l'aise dans ce type de relation qui n'a d'autre objectif que de les faire progresser. Le mentor n'est pas là pour évaluer ou juger, mais pour écouter, soutenir et conseiller. Les jeunes diplômés sont très sensibles à l'existence de ces « bulles d'air », hors du système hiérarchique, dans lequel ils peuvent s'exprimer librement et évoquer leurs difficultés.

Autre avantage, les dispositifs de mentorat permettent une transmission des savoirs à double sens entre le collaborateur expérimenté et le jeune. Le mentoré apprendra, par exemple, sur son secteur et sa profession, tandis qu'il conseillera son mentor sur l'usage d'Internet et des TIC. Ce type de dispositif permet de valoriser chacune des parties et contribue à accélérer le processus d'intégration.

Enfin, le mentorat facilite la transmission des connaissances informelles et de la culture d'une entreprise. En échangeant sur une base régulière, jeunes et expérimentés partagent aussi l'histoire intime de l'entreprise, ses rites, sa culture, son langage, etc. Ce type d'information, qui figure rarement sur les livrets d'intégration, est pourtant essentiel pour la compréhension de l'écosystème d'entreprise.

Les conditions de réussite

Les dispositifs de mentorat qui réussissent présentent généralement les caractéristiques suivantes :

- **Un caractère volontaire** – Jeunes et mentors intègrent le programme parce qu'ils le souhaitent et non sur ordre de la direction ou des RH.
- **Une relative confidentialité** – Sauf cas extrême, le supérieur du jeune n'a pas à connaître le détail des difficultés que celui-ci confie à son mentor. La rupture de ce « contrat de confiance » a généralement des conséquences désastreuses : elle met fin au mentorat concerné, mais menace également l'ensemble des autres mentorats de l'entreprise. Le jeune qui se sent floué aura en effet tendance à faire part de sa mésaventure à ses autres collègues, qui deviendront immédiatement plus méfiants. Un jeu perdant-perdant en somme.
- **Une valorisation par l'entreprise** – En adhérant au programme de mentorat, les participants montrent un engagement fort dans leur métier et dans leur entreprise. Cet engagement doit être valorisé d'une manière ou d'une autre par l'entreprise (temps, argent, félicitations, etc.).

C. Le séminaire d'intégration inversé

Comme nous l'avons précédemment évoqué, les Y expriment souvent le besoin d'être acteurs et de participer. De ce point de vue, le séminaire d'intégration inversé constitue un dispositif intéressant.

Le principe

Il s'agit tout simplement d'inverser la logique des séminaires d'intégration traditionnels en plaçant les nouveaux embauchés en situation d'organisateurs. Ces derniers n'assistent plus passivement aux différentes « séquences », mais contribuent à en produire le contenu.

Concrètement, les jeunes reçoivent un certain nombre de « contraintes » de la part des managers, comme parler de l'entreprise, présenter les métiers, prévoir un moment de détente, etc. Sous réserve d'intégrer ces demandes, les nouveaux embauchés ont une totale liberté pour organiser leur séminaire, produire le contenu des différentes séquences et gérer le budget. Ainsi, pour produire une séquence présentant le service achat, les nouveaux pourront très bien décider d'aller interviewer quelques membres du service et/ou de réaliser un petit film. Le ton comme le format leur appartient.

Les avantages du dispositif

Tout d'abord, ce type de dispositif facilite l'appropriation du séminaire par les jeunes embauchés. Le changement de vocabulaire est assez parlant de ce point de vue. Assez rapidement, les jeunes vont parler de « leur » séminaire et non « du » séminaire d'intégration.

Par ailleurs, en responsabilisant les nouveaux embauchés sur la production du séminaire d'intégration, l'entreprise leur envoie deux messages essentiels : « Je vous fais confiance » et « Votre point de vue compte pour nous ». Ces messages sont essentiels pour donner confiance aux jeunes et augmenter les chances de réussir leur intégration.

Enfin, l'entreprise montre qu'elle valorise la prise d'initiative. En laissant aux jeunes une totale liberté pour la production des séquences du séminaire, elle les autorise à faire preuve de créativité et d'inventivité.

Les conditions de réussite

Pour être réussie, la démarche nous paraît devoir respecter deux conditions :

- **Minimiser les contraintes** – Imposer aux jeunes de trop nombreuses « contraintes » pour le séminaire (interlocuteurs, formats, thématiques, etc.) dénature l'esprit du dispositif. L'objectif des séminaires inversés n'est pas de sous-traiter la réalisation d'un dispositif aux nouveaux embauchés, mais de leur en confier la conception, la production et la mise en œuvre.
- **Expliquer la démarche en interne** – Les séminaires d'intégration inversés sont, par définition, uniques puisque chaque groupe y apporte sa touche personnelle. Dans ces conditions, les observateurs, qui ne connaissent pas les objectifs du dispositif, peuvent s'étonner des évolutions de contenu et de format entre les séminaires et y voir un manque de préparation. Mieux vaut donc expliquer la démarche largement au sein de l'entreprise.

Quatrième partie

MANAGER

« On dit que les nouvelles générations seront difficiles
à gouverner. Je l'espère bien. »

Alain, *Propos sur l'éducation*, 1932

Chapitre 11

L'ÉVOLUTION DE LA HIÉRARCHIE

Lorsqu'ils sont au contact de membres de la génération Y, certains managers ont parfois le sentiment que ces derniers ne respectent plus la hiérarchie. Bien que cette affirmation soit parfaitement compréhensible, nous pensons qu'elle ne correspond pas à la réalité. De notre point de vue, les Y ne sont pas rebelles à l'idée de hiérarchie, mais la conception qu'ils en ont est assez différente de celle des générations précédentes. Après avoir analysé cette nouvelle vision de la relation hiérarchique, nous essaierons d'en tirer les conséquences pour les managers amenés à les suivre.

I. LES ATTENTES DES JEUNES VIS-À-VIS DE LEUR MANAGER

Une étude a récemment demandé aux 20-30 ans quelles étaient leurs trois attentes prioritaires vis-à-vis de leur manager.

À la lecture des résultats, les trois attentes prioritaires qui se détachent sont les suivantes :

- « être écouté », citée par 45 % des interrogés (dont 29 % en priorité) ;
- « me sentir respecté », citée par 46 % des interrogés ;
- « être reconnu et considéré », citée par 40 % des interrogés.

Examinons ensemble ce que signifient ces notions pour les membres de la génération Y.

Quelles sont vos trois attentes prioritaires à l'égard des managers ?

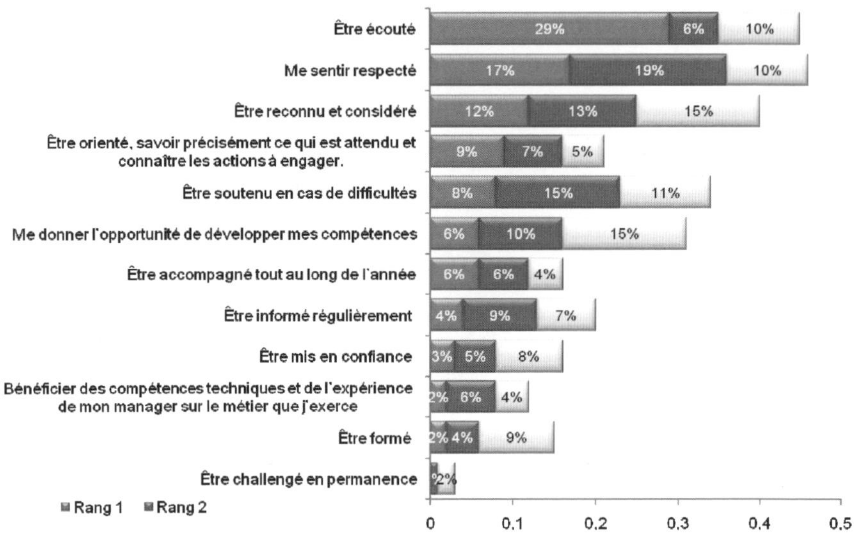

Source : « Les 20-30 ans et le travail », Cegos, avril 2009.

A. Être écouté

Avoir l'écoute de son manager est une attente communément exprimée par les salariés de tous âges. Appliquée aux membres de la génération Y, cette attente peut être complétée de la sorte.

Être écouté à tout moment et sans formalisme

Nous l'avons vu dans le préambule, les Y ont un goût prononcé pour l'instantanéité. Parents et managers expriment souvent le constat en des termes identiques : « Ils veulent tout, et tout de suite ». L'écoute du manager ne fait pas exception à la règle. Lorsque les Y éprouvent le besoin d'échanger avec leur manager, ils n'envisagent pas spontanément d'attendre ou de prendre rendez-vous. La « génération Google », habituée à obtenir des réponses instantanées à ses questions, a en effet du mal à modifier son comportement une fois en entreprise.

Les managers expérimentés, habitués à un autre rythme, s'offusquent parfois du comportement de certains jeunes collaborateurs qui n'hésitent pas à « débarquer » dans leur bureau sans prévenir.

TÉMOIGNAGE

La vision d'un manager expérimenté

Cadre expérimenté dans une grande entreprise, Pierre nous a récemment raconté une anecdote au sujet d'un nouveau stagiaire qu'il venait de recruter.

« J'étais au téléphone dans mon bureau quand il a débarqué sans prévenir. Quand il a réalisé que j'étais en communication, il n'a pas du tout eu l'air gêné et il est resté planté là devant moi en attendant que je raccroche.

Le fait qu'il ne frappe pas avant d'entrer, je trouve déjà ça un peu limite, mais qu'il reste à écouter ma conversation, cela m'a soufflé ! En plus, je suis sûr que sa question n'était pas aussi urgente que cela. »

Cette attente de rapidité s'exprimant à l'égard de la quasi-totalité des processus RH (évaluation, formation, etc.), nous approfondirons la question dans le prochain chapitre consacré aux processus RH à l'épreuve de la génération Y.

Être écouté y compris pour exprimer un désaccord

De nombreux managers font part de leur surprise lorsqu'un jeune collaborateur à peine intégré questionne ou remet en cause l'une de leurs positions. Pour beaucoup de managers expérimentés, il existe une différence entre écouter les souhaits d'un jeune et admettre qu'il puisse prendre une position différente.

Et pourtant, pour un Y, être écouté c'est aussi être admis à faire valoir un point de vue contraire. Sans lui dénier son pouvoir de trancher, les Y attendent de leur manager qu'il considère leur point de vue, même s'il est différent.

B. Être respecté

Le respect est l'une des attentes majeures des Y vis-à-vis de leur manager. Du point de vue d'un Y, l'attente de respect se décline de différentes façons.

Être respecté dans mon projet de vie

Une fois encore, la dimension « personnelle » est très présente pour la génération Y. L'exemple le plus parlant concerne la recherche d'un équilibre entre vie privée/vie professionnelle. Interrogé[1] sur les attentes qu'ils percevaient de la part des Y, un panel de responsables RH a placé en tête « l'exigence en termes de recherche d'équilibre vie privée/vie professionnelle ».

Cette perception est à notre avis très juste. Du point de vue d'un collaborateur Y, le manager qui « respecte » est quelqu'un qui s'intéresse à ses collaborateurs de manière globale. Ils sont donc particulièrement sensibles au fait que leur manager tienne compte de leur projet de vie, au-delà du projet professionnel.

Être respecté sans aucune discrimination

Du point de vue des collaborateurs Y, l'attente de respect va de pair avec une attente d'équité. Être respecté par son manager, c'est aussi être traité de manière équitable par rapport aux autres collaborateurs.

Toute différence de traitement basée sur un motif autre que la compétence (à l'exemple de l'origine, du sexe, du parcours) constitue pour eux un manque de respect flagrant.

C. Être reconnu et considéré

Que signifie être reconnu et considéré pour les membres de la génération Y ?

Nous avons déjà eu l'occasion de le souligner, les Y font de moins en moins de différence entre la vie personnelle et la vie professionnelle. Le développement des technologies de l'information et de la communication leur permet de rester en contact en permanence avec leurs intérêts, autres que professionnels.

Cette interpénétration croissante des sphères privées et personnelles entraîne une autre évolution : les Y ont plus tendance à « être eux-

1. « L'intégration de la génération Y en entreprise aujourd'hui », IAE Lyon, 3 novembre 2009.

mêmes» sur leur lieu de travail. Comme nous le faisait remarquer un manager: «Ils viennent au bureau avec leur personnalité». En conséquence, les Y s'attendent à être reconnus et considérés à double titre.

Être reconnu en tant que collaborateur

Pour un Y, la reconnaissance et la considération d'un manager est perceptible à plusieurs indices:

- **Une implication sur des projets à enjeux** – En dépit de leur inexpérience, les Y apprécient d'être positionnés par leur manager sur des projets importants. Ils y voient une marque de considération de la part d'un manager prêt à «investir» sur eux.
- **Une valorisation rapide de leur contribution** – Les Y sont sensibles au fait que leur manager soit disposé à les faire progresser rapidement s'ils sont performants, indépendamment de leur âge.
- **Une non-discrimination par rapport aux salariés ayant plus d'ancienneté** – À niveau de compétence égale, les Y souhaitent disposer des mêmes prérogatives (accès à la formation, présence aux réunions importantes, etc.).

TÉMOIGNAGE

… d'un jeune diplômé

«Depuis mon arrivée dans l'entreprise, j'ai réalisé que beaucoup de dispositifs sont soumis à des conditions d'ancienneté. Il faut un an d'ancienneté pour accéder au dispositif d'épargne salariale, deux ans d'ancienneté pour pouvoir assister à certaines formations, trois ans pour changer de poste, etc.

Ce qui me gêne, c'est que le critère décisif n'est pas lié à la performance, mais uniquement au fait d'être là depuis un certain temps. Il ne me reste plus qu'à attendre…»

Être reconnu en tant que personne

Interrogé sur leur perception de la génération Y en entreprise, un panel de responsables RH a mis en avant leur caractère « impulsif, dans l'affect ».

Et de fait, c'est aussi en tant que personnes que les collaborateurs Y s'attendent à être reconnus et considérés. De leur point de vue, leur personnalité et leurs compétences forment un tout indissociable qui doit être pris en compte. Un manager, qui les reconnaît et qui les considère, doit aussi être capable d'intégrer leur personnalité dans son management.

Une autre illustration de cette dimension « personnelle » concerne la façon dont les jeunes gèrent leur vie privée sur leur lieu de travail. De plus en plus, les jeunes ont tendance à se confier à leur manager sur des aspects de leur vie personnelle (problèmes familiaux, disputes sentimentales, etc.) : « On a parfois l'impression qu'ils nous prennent pour leurs copains » nous disait récemment un manager. Et de fait, la plupart des managers ne sont pas à l'aise avec cette « invasion » de la vie privée dans le contexte professionnel. Eux-mêmes ont souvent été « éduqués » dans l'idée que la vie privée n'avait pas sa place en entreprise et qu'il fallait pouvoir conserver un « masque » professionnel en toutes circonstances.

Comment, dès lors, réagir vis-à-vis d'un jeune collaborateur qui vous explique qu'il a mal dormi ou qu'il s'est disputé avec sa copine ? Nous verrons dans la seconde partie du chapitre quel type de positionnement peuvent adopter les managers.

D. Être accompagné

Les Y ont une forte attente d'accompagnement de la part de leur manager. De notre point de vue, cette attente se décline de deux façons.

Être accompagné au quotidien

On retrouve ici la notion de quête de sens très importante pour les Y. Plus que les générations précédentes, la génération Y exprime le besoin de comprendre le pourquoi des situations existantes ou des actions à réaliser.

Lorsqu'ils font leurs débuts en entreprise, les membres de la « génération pourquoi » (*Generation Why*, en anglais) sont souvent en proie à de nombreux doutes. Ces doutes des jeunes collaborateurs ont toujours existé, mais la nouveauté provient du fait qu'ils sont exprimés ouvertement. Il n'est plus rare pour un manager d'entendre un jeune dire : « J'espère que j'ai fait le bon choix en acceptant ce poste », ou même, « Je me demande si je suis vraiment fait pour ce métier ».

Une fois encore la notion de « masque professionnel » qui dominait auparavant dans les entreprises et incitait les managers à la réserve n'est plus de mise. Les membres de la génération Y doutent, assument leurs doutes et vont naturellement avoir tendance à chercher du sens auprès de leur manager.

Nous verrons dans le prochain chapitre comment les managers peuvent utiliser les entretiens de suivi pour réaliser cet accompagnement au quotidien.

Être accompagné dans son développement professionnel

Premier élément, les Y s'attendent à ce que leur manager leur demande ce qu'ils ont envie de faire par la suite. Qualifiés à tort de « zappeurs » dans la presse, les Y éprouvent au contraire le besoin d'être projetés sur le long terme par leur manager. Pour un jeune, le fait que son manager prenne l'initiative de le questionner sur son évolution professionnelle sera perçu comme une marque de confiance, comme le signe que le manager est prêt à « investir » sur lui.

Lorsqu'ils ont envie d'évoluer professionnellement, les Y apprécient que leur manager leur « flèche » les règles et les coutumes de l'entreprise. Et soyons honnêtes, les Y attendent également que leur manager se « mouille pour eux » et qu'il mobilise son propre réseau pour les aider à évoluer.

Autre attente des Y à l'égard de leur manager à ce sujet : qu'il les aide à se valoriser en interne. Avoir son nom au bas d'un rapport, pouvoir présenter une partie des résultats d'un travail, assister à une réunion à fort enjeu sont autant de petites attentions auxquelles seront sensibles les jeunes collaborateurs. De leur point de vue, un manager qui les accompagne dans leur évolution professionnelle est d'abord un manager qui leur permet d'exister aux yeux des autres.

E. Conclusion

Nous venons de le voir, les jeunes collaborateurs expriment de fortes attentes à l'égard de leur manager. Au vu de ces dernières, deux conclusions nous semblent s'imposer.

Une inversion de la pyramide de Maslow

Bien connu des psychologues, Abraham Maslow a établi, à l'occasion d'un travail sur la motivation[1], une classification hiérarchique des besoins humains. Classiquement représentée sous la forme d'une pyramide, cette hiérarchie comporte cinq niveaux.

Besoins (selon Maslow)	Illustration en contexte professionnel
Niveau 5 : Besoins de réalisation (à l'exemple de l'accomplissement personnel)	S'épanouir, exercer un travail en total accord avec son projet de vie
Niveau 4 : Besoins d'estime (le respect des autres, la confiance)	Être reconnu et respecté dans son travail (par l'entreprise et par son manager)
Niveau 3 : Besoins d'appartenance (comme l'amour, l'amitié)	Être bien intégré, bien s'entendre avec ses collègues, sa hiérarchie
Niveau 2 : Besoins de sécurité (être en sécurité, avoir un toit)	Bénéficier d'une sécurité d'emploi, d'une protection sociale
Niveau 1 : Besoins physiologiques (par exemple, se nourrir, dormir)	Avoir un salaire et des conditions de travail acceptables

Selon Maslow, nous cherchons d'abord à satisfaire les besoins d'un niveau donné avant de penser au besoin immédiatement supérieur. À titre d'exemple, un individu cherchera d'abord à répondre à ses besoins primaires, comme boire ou manger, avant de chercher à se loger.

Un des points perturbants concernant les Y est qu'ils font souvent leur entrée par « le haut de la pyramide ». En clair, les Y ont tendance à mettre en tête de leurs priorités des attentes qui relèvent plus du « besoin d'estime » ou du « besoin de réalisation ». En témoignent les résultats du sondage précité qui montrent que les trois attentes

1. Abraham Maslow, « A Theory of Human Motivation », *Psychological review*, vol.50, n° 4, pp.370-396, 1943.

prioritaires des 20-30 ans sont : « Être écouté », « Me sentir respecté » et « Être reconnu et considéré ».

À l'inverse, les attentes plus traditionnelles de la part d'un jeune comme « Être formé » ou « Bénéficier des compétences techniques et de l'expérience de mon manager » occupent les deux dernières places du classement.

Nous verrons dans la deuxième partie du chapitre comment les managers peuvent prendre en compte cette nouvelle hiérarchie de valeurs.

Une attente forte de management de proximité

Même si leur nature et leur prioritisation évoluent, les jeunes collaborateurs Y expriment toujours de fortes attentes à l'égard de leur manager. L'idée reçue, selon laquelle les jeunes collaborateurs se passeraient volontiers de managers, est donc battue en brèche. Les attentes prioritaires exprimées par les jeunes (écoute, respect, reconnaissance, accompagnement) soulignent au contraire le besoin de pouvoir s'appuyer sur un manager de proximité.

Nous tenterons dans la seconde partie de ce chapitre d'esquisser un modèle managérial pour prendre en compte ces attentes.

II. LES CONSÉQUENCES POUR LES MANAGERS

La situation des managers d'Y n'est pas simple. Comme nous venons de l'évoquer, les jeunes Y sont porteurs de nombreuses attentes, dont certaines vont clairement à l'encontre des traditions.

Dans cette partie, nous chercherons à dessiner les contours d'un management « idéal » pour les membres de cette génération. Nous nous intéresserons notamment à la posture que peuvent adopter les managers et aux modes de management qu'ils peuvent mettre en place. Conscients des difficultés liées à la mise en place d'un tel modèle managérial, nous tenterons également de voir quels aménagements peuvent être apportés au vu de la personnalité du manager.

A. Une légitimité qui se gagne

Dans le modèle hiérarchique classique, l'autorité d'un manager provient d'abord de son niveau dans l'organisation. Cette reconnaissance « statutaire » est loin de constituer une protection absolue contre la critique, mais elle confère généralement au manager un certain respect institutionnel.

De leur côté, les Y pensent, travaillent et interagissent sur un mode plus collaboratif que hiérarchique. Ils ne rejettent pas l'idée de hiérarchie, mais en ont une conception très particulière. Pour eux, la hiérarchie se mérite. Le respect ou l'admiration dont les Y font preuve vis-à-vis d'un responsable ne sont pas liés à son ancienneté, à son titre ou à sa place dans l'organigramme. À leurs yeux, le « chef » est d'abord celui qui dispose d'une compétence professionnelle reconnue et qui est capable d'animer un réseau de collaborateurs.

Est-il nécessaire de préciser que cette conception pragmatique de la hiérarchie se distingue assez nettement du système classique dans lequel de nombreux managers ont réalisé leurs débuts.

La première difficulté pour les managers consiste donc à accepter ce paradoxe : en dépit de leur grade ou de leur titre, ils devront « gagner leurs galons » auprès de leurs jeunes collaborateurs. Ce « premier pas » est probablement le plus difficile à faire, car de nombreux managers en font une question de principe : « Pourquoi devrais-je m'adapter alors qu'étant jeune, c'est moi qui avais dû faire cet effort ? » peut-on souvent entendre de la part de managers expérimentés. L'argument est logique, nous ne le nions pas, mais se retrancher derrière ce principe nous semble une impasse pour plusieurs raisons.

D'une part, ce raisonnement de principe met en danger l'efficacité. De notre point de vue, la question prioritaire pour un manager n'est pas tant « comment les jeunes devraient se comporter », mais « comment être le plus efficace avec les jeunes de son équipe ».

Par ailleurs, comme nous l'avons précédemment évoqué, le fait d'adapter son style de management pour obtenir une meilleure performance n'a rien de révolutionnaire. Les managers expérimentés pratiquent l'exercice quotidiennement pour optimiser la performance de leur équipe. Ils ont, en effet, conscience qu'en se montrant plus tolérant avec un tel ou plus cadrant avec un autre, ils peuvent obtenir de meilleurs résultats. Ces « adaptations managériales » n'ont rien de philosophique, mais visent simplement l'amélioration de la performance.

Partant de ce constat, on peut se demander si l'adaptation managériale générationnelle ne constitue pas simplement une nouvelle façon de gagner en efficacité. Une nouvelle compétence à développer, en somme. Une fois établie la nécessité de « gagner ses galons », deux questions se posent : Quelle posture adopter ? Quels modes de management mettre en place ?

B. Éviter la projection et la réplication

Face à l'arrivée de jeunes collaborateurs dans leur équipe, un grand piège guette les managers : la projection. Il s'agit de la situation dans laquelle un manager projette, dans son jeune collaborateur, le jeune professionnel qu'il était lui-même. Bien qu'il soit difficile de résister à cette tendance naturelle, il nous semble important d'alerter sur les risques qui lui sont associés.

Nous l'avons vu lors de la présentation des attentes des Y à l'égard des managers, la priorité des jeunes est l'écoute. Or de notre point de vue, un manager qui se projette aura tendance à penser qu'il « connait » les attentes de ses jeunes collaborateurs pour les avoir lui-même ressenties quelques années auparavant. Cette logique qui postule que « rien n'a changé » est à notre avis dangereuse, car elle n'incite pas le manager à être à l'écoute de ses collaborateurs.

Autre effet néfaste, le manager qui se projette a toutes les chances d'être déçu. D'abord parce que le jeune ne sera jamais comme lui. Comme nous l'avons vu dans le premier chapitre de cet ouvrage, la « vision du monde » des individus est en partie façonnée par les événements, les leaders et les tendances qui interviennent durant leur jeunesse. Or, sauf dans le cas où manager et managé ont le même âge, on peut imaginer que leur vision du monde s'est construite sur un contexte très différent. Pour illustrer, on peut considérer que les membres de la génération Y ont été influencés par la croissance d'Internet et des TIC, des marques, de la globalisation, tandis que les baby-boomers ont été marqués par la Guerre froide, le mouvement féministe ou les premiers pas sur la Lune.

Autre biais pointé par les psychologues, il est très difficile, voire impossible, de se projeter de manière objective dans le passé. De manière involontaire, notre vision du présent agit comme un prisme déformant sur nos souvenirs. Ainsi, un manager qui se projette dans le passé court le risque de se construire une vision « idéalisée » du jeune professionnel qu'il était. En comparant le jeune collaborateur qu'il manage à ce standard idéalisé, le manager a toutes les chances d'être déçu.

Enfin, et c'est probablement l'un des risques les plus importants, le manager qui se projette aura tendance à dupliquer les modes de management qu'il a lui-même connus. C'est la conclusion de la logique « Rien n'a changé » : si les attentes des jeunes n'ont pas évolué, il est inutile de modifier sa posture ou ses modes de management.

En conclusion, nous pensons que la doctrine du « Rien n'a changé » et son corollaire « On peut manager comme avant » ne facilite pas l'intégration et la fidélisation des jeunes Y. En enfermant les managers dans des « certitudes », elle ne les incite pas à être à l'écoute ou à adopter de nouvelles postures.

C. Vers une posture de manager coach

Après avoir étudié les arguments qui militent pour que les managers adoptent une posture de manager coach, nous proposons plusieurs axes possibles pour y parvenir.

Les arguments qui poussent vers cette évolution

En premier lieu, on trouve le déclin du « management par l'expertise ». Traditionnellement en France, le manager est souvent un « super expert » qui dispose d'un niveau de compétences techniques supérieur à celui de ses collaborateurs. Cette supériorité technique constitue l'un des fondements majeurs de sa légitimité.

Or, ce modèle de légitimité par l'expertise est aujourd'hui remis en cause par l'accélération des cycles d'innovation. Pour prendre un exemple, il est difficile pour un manager dans l'informatique d'asseoir sa légitimité sur le seul critère de la supériorité technique. En effet, de nouveaux systèmes et de nouveaux langages informatiques se créent en continu et il lui est techniquement impossible de tous les maîtriser, *a fortiori* mieux que ses collaborateurs.

Autre faille dans ce modèle : Internet et les réseaux sociaux numériques. Dans ces domaines, il n'est pas rare qu'un jeune collaborateur en connaisse plus que son manager pour la simple raison qu'il est « né avec ». Il sera donc très difficile à un manager d'asseoir sa légitimité en adoptant une posture de « super expert » vis-à-vis d'un jeune.

Enfin, comme nous l'avons souligné dans la première partie de ce chapitre, les jeunes Y expriment clairement le besoin d'être écoutés et accompagnés au quotidien par leur manager. De notre point de vue, cette attente de proximité disqualifie les postures « distantes » ou « administratives » et milite pour que les managers soient aux côtés des Y dans une posture de manager coach.

Les axes pour y parvenir en tant que manager

- **Développer une logique de collaboration**

Dans le modèle hiérarchique classique, le rôle de manager est étroitement lié au pouvoir de commandement et de contrôle. Assis sur cette conception, le droit jurisprudentiel retient d'ailleurs la notion de « lien de subordination » pour caractériser l'existence d'un contrat de travail.

À SAVOIR

La définition du lien de subordination par la jurisprudence

« [...] Le lien de subordination est caractérisé par l'exécution d'un travail sous l'autorité de l'employeur qui a le pouvoir de donner des ordres et des directives, d'en contrôler l'exécution et de sanctionner les manquements de son subordonné[1]. »

1. Cour de cassation, chambre sociale, 13 novembre 1996.

Intéressante d'un point de vue juridique, la définition ne correspond en aucune manière aux attentes des Y à l'égard de leur manager. Comme nous l'avons précédemment évoqué, les Y expriment avant tout une attente d'écoute, de reconnaissance, de respect et d'accompagnement.

CONSEIL

Partager la réussite : les petits détails qui font la différence

- **Mettre le nom du jeune au bas d'un rapport** – Un jeune collaborateur a travaillé dur sur un rapport, pourquoi ne pas le faire figurer parmi les « auteurs » ?
- **Valoriser ses réussites auprès des autres** – Un manager qui vante, même de façon informelle, les réussites de son jeune collaborateur auprès des autres marquera des points.
- **L'associer à la présentation des résultats de travaux** – Un jeune collaborateur, à qui l'on permet de présenter une partie d'un rapport sur lequel il a travaillé, sera touché par cette marque de confiance.

Face aux Y, les managers ont donc tout intérêt à développer un lien de collaboration. Plusieurs axes s'offrent à eux pour y parvenir :

- **Raisonner résultat** – Orienter le travail d'un Y en termes de tâches est à notre avis une erreur. Nous l'avons déjà évoqué, les Y expriment le besoin de comprendre le pourquoi des situations existantes et des actions à réaliser. Pour eux, il ne s'agit plus seulement de savoir qu'une tâche doit être faite d'une certaine façon, mais également d'en comprendre la finalité. Les jeunes cherchent aujourd'hui à voir en quoi cette tâche participe à un objectif plus vaste. La première étape pour instaurer une logique de collaboration consiste donc à partager un contexte et des objectifs.
- **Se montrer flexible sur les modes de travail** – Lié au précédent point, nous pensons que les managers ont intérêt à responsabiliser les jeunes sur des résultats et non sur les moyens permettant de les obtenir. De notre point de vue, la priorité

des managers n'est pas de contrôler l'espace de travail des Y (horaires, accès à Internet, etc.), mais de créer les conditions d'un engagement du collaborateur (explication des objectifs et responsabilisation).

- **Partager la réussite** – Les résultats d'une collaboration réussie se partagent. Même si le jeune et le manager n'ont pas le même niveau de contribution, les Y sont sensibles à un manager qui sait les mettre en valeur dans l'entreprise. À l'inverse, un manager qui « tire la couverture » systématiquement à lui aura du mal à susciter l'implication et l'engagement.

Apprendre à gérer le contradictoire

C'est l'une des principales difficultés. De nombreux managers vivent mal le fait d'être questionnés ou de voir leur position remise en cause par un collaborateur plus jeune. Ils y voient un manque de respect ou une négation de leurs compétences professionnelles.

Cas pratique

Quand les jeunes mettent en cause une décision de la direction

Le contexte

L'histoire se passe dans une entreprise du secteur agro-alimentaire. Un récent Comité de direction a pris la décision de modifier l'offre commerciale de l'entreprise. Pour résumer, il s'agit de concentrer l'offre sur certains segments très rentables et d'abandonner, à l'inverse, certains produits à faible marge.

Marc, Directeur commercial de l'entreprise, informe les commerciaux de la décision lors de la réunion d'équipe hebdomadaire, mais la tournure prise par les événements ne lui convient pas et voici comment il relate l'épisode :

Marc, Directeur commercial : « À la suite de la décision du Codir, nous avons décidé de changer notre offre commerciale et d'abandonner la vente de certains produits. Alors que j'en informais l'équipe commerciale, certains jeunes commerciaux se sont permis de questionner le bien-fondé de notre décision. C'est inacceptable ! Comme si nous avions pris notre décision à la légère !

Et puis nous avons en moyenne plus de vingt ans d'expérience, c'est quand même pas eux qui vont nous apprendre notre métier! De mon temps, un jeune ne se serait jamais permis de critiquer ce type de décision. » De leur côté, les jeunes commerciaux sont également insatisfaits de la réunion et voici comment ils nous relatent l'épisode :

Un jeune commercial : « On était déjà au courant de l'information depuis plusieurs jours. Je ne vois pas l'intérêt de nous convoquer en réunion si c'est uniquement pour répéter ce que l'on sait déjà et pour s'énerver dès qu'on pose une question. De toute façon, c'est toujours comme ça, ils prennent leur décision sur un coup de tête, sans consulter personne. »

Notre analyse

Nous sommes vraiment dans une situation classique d'incompréhension générationnelle.

L'attitude des jeunes est perçue par le Directeur commercial comme un manque de respect, voire un complexe de supériorité. En clair, s'ils respectaient sa compétence, ils ne se permettraient pas de remettre en cause la décision prise.

De leur côté, les Y jugent très négativement l'attitude du Directeur qui s'énerve lorsqu'ils posent des questions. De leur point de vue, c'est un manque de respect, car leur manager ne prend même pas la peine de répondre à leurs questions et leurs objections. À leurs yeux, cette volonté de ne pas répondre cache un mépris de leur manager pour leur opinion et/ou une décision prise à la va-vite.

Résultats

Même s'il est resté « droit dans ses bottes », le manager a été énervé par l'attitude des jeunes et il est probable qu'il passe moins de temps avec eux à l'avenir.

De leur côté, les jeunes commerciaux se sont sentis méprisés et seront les plus mauvais apôtres de la nouvelle offre commerciale. Interrogés par leurs collègues des autres services, ils s'empresseront d'expliquer que la nouvelle offre n'a aucun sens et qu'elle a été décidée sur un coup de tête.

Pour gérer le contradictoire efficacement, il nous paraît important que le manager consacre du temps à :

- **Expliquer ses décisions** – Sans chercher à tout prix à persuader le jeune, le manager gagnera en légitimité s'il prend du temps pour expliquer les décisions qu'il prend. Dans l'idéal, un jeune collaborateur devrait être capable d'expliquer à un autre collègue une décision de son manager avec laquelle il n'est pas d'accord. À défaut de connaître précisément les raisons d'une telle décision (comme c'est le cas dans le cas pratique), il aura tendance à « chercher » de la rationalité par lui-même avec tous les risques de quiproquos imaginables.

- **Gérer les demandes** – Nous l'avons vu précédemment, un des autres points perturbants est la demande d'immédiateté, fréquente chez les Y. On pense notamment au cas de jeunes collaborateurs qui sollicitent leur manager à de très nombreuses reprises dans la journée, empêchant ce dernier de poursuivre son propre travail. Un point est souvent oublié à ce sujet : les jeunes qui débutent ne sont pas toujours en mesure de déterminer si leur attitude est « normale » ou non. Pour cette raison, ils ne seront pas spontanément gênés à l'idée de solliciter leur responsable toutes les demi-heures. D'autant que l'agencement physique des locaux et la multiplication des *open space* peuvent leur laisser croire que tout le monde est disponible. En conséquence, on se saurait que trop recommander au manager de définir une règle du jeu avec ses jeunes collaborateurs.

▪ Créer et entretenir une relation personnelle

Nous l'avons déjà évoqué, les jeunes Y sont souvent remarqués en entreprise pour leur caractère « impulsif, dans l'affect ». Cette présence de la dimension personnelle, de l'émotion et de la vie privée met mal à l'aise de nombreux managers qui ont été habitués à un mode plus « rationnel ».

En dépit de cette gêne, les managers qui s'en sentent capables ont tout à gagner à créer et entretenir une relation personnelle. Plusieurs axes s'offrent à eux pour y parvenir :

- **S'intéresser à la vie personnelle du jeune** – Dans la plupart des cas, les jeunes collaborateurs vont partager des éléments de leur vie privée avec leur manager. Face à cette forte probabilité, deux options sont ouvertes aux managers : « recadrer » le jeune sur le terrain professionnel ou écouter et s'intéresser à ce qu'il dit. De notre point de vue, la seconde option est de loin la meilleure, car elle permet de répondre à l'une de ses principales aspirations qui est d'être reconnu en tant que personne, au-delà de son rôle professionnel. Aux managers déjà habitués à écouter, nous suggérons, dans la mesure où ils sont à l'aise avec l'idée, de partager quelques éléments de vie personnelle. Les jeunes Y apprécient, en effet, de pouvoir mieux connaître leur manager, au-delà de ses compétences professionnelles. De façon amusante, de nombreux managers qui tentent l'expérience en se forçant un peu prennent rapidement goût au fait de pouvoir échanger sur un mode plus personnel. Il est vrai que pouvoir dire à un jeune collaborateur qu'on a mal dormi en raison d'un enfant malade et qu'on sera donc peu réactif lors d'une matinée n'a pas que des désavantages.

- **Laisser un espace au « ressenti » dans les échanges** – Pour créer une relation plus personnelle avec un Y, il est important d'échanger des perceptions et des ressentis. Une façon concrète de procéder pour le manager consiste à interroger son collaborateur au sortir d'une réunion sur la manière dont il a « senti » les choses. En échangeant sur cette dimension « ressentie » et en croisant avec sa propre perception, le manager aura plus de chances de créer un véritable dialogue avec son jeune collaborateur.

Cas pratique

Comment Justine a défini une règle du jeu avec sa jeune collaboratrice

Le contexte

À la tête d'un service RH, Justine vient d'intégrer une jeune collaboratrice. À cette dernière, brillante, est confié le suivi de plusieurs projets en cours.

La difficulté

La jeune collaboratrice prend l'habitude d'interpeller sa manager dès qu'elle a une question concernant un projet. En pratique, Justine doit s'interrompre environ toutes les 30 minutes pour répondre à une question de sa jeune collaboratrice, ce qui l'empêche souvent de se concentrer et d'avancer sur ses propres projets.

Justine a déjà essayé de dire à sa jeune collaboratrice, sous le ton de l'humour, qu'elle ne pouvait répondre de façon instantanée à toutes ses questions, mais les interruptions très fréquentes se poursuivent.

Les actions mises en place par Justine

1. **Sensibilisation sur les conséquences de la situation** – Lors d'une réunion de suivi avec sa jeune collaboratrice, Justine a pris le temps de lui expliquer qu'une interruption toutes les demi-heures ne pouvait être une bonne chose ni pour l'une ni pour l'autre. L'idée était de faire passer de manière « soft » que la situation actuelle n'était pas satisfaisante et ne correspondait pas à une situation normale.
2. **Définition de différents espaces de rencontre** – Justine a défini avec sa collaboratrice différents espaces de rencontre. Pour chacune de ses réunions, Justine et sa collaboratrice se sont mises d'accord sur la fréquence et le type de sujet qui devait y être abordé.

Les différents espaces de rencontre qu'elles ont défini ensemble sont les suivants :

- **Des questions « à la volée »** – Uniquement pour les cas où la jeune collaboratrice est bloquée et ne peut attendre le point journalier pour obtenir réponse à sa question.
- **Un point journalier de 30 minutes** – Pour répondre à l'ensemble des questions de la journée et anticiper sur les questions du lendemain.
- **Un point hebdomadaire de 2 heures par projet** – Ce point est l'occasion d'un réel échange sur le fond (orientation des projets, évolutions futures, etc.). La réunion est préparée et « animée » par la jeune collaboratrice qui a toute latitude pour en faire un vrai moment d'échange.

Les avantages du dispositif mis en place par Justine

Le dispositif mis en place a permis de réduire fortement les nombreuses « questions à la volée » qui perturbaient Justine dans ses propres activités.

La jeune collaboratrice a développé sa compétence de gestion des priorités et d'anticipation : « De quoi aurai-je besoin pour travailler demain ? », « La semaine prochaine ? », etc.

Le point hebdomadaire a été l'occasion pour la collaboratrice de prendre une nouvelle « posture » plus proactive et en confiance : « Je prépare la réunion », « Je conduis les échanges », etc.

▪ Promouvoir un management participatif

Nous venons de le voir, la principale attente des jeunes collaborateurs à l'égard de leur manager est d'être écouté. De notre point de vue, ce souhait d'être écouté dénote une envie de participer et de compter dans la vie de l'entreprise. À l'inverse de certains articles qui dépeignent les jeunes comme peu investis dans l'entreprise ou en retrait, nous pensons que les jeunes collaborateurs souhaitent être des acteurs à part entière. Plusieurs axes permettent aux managers de répondre à ces attentes.

Partager l'information – Les jeunes collaborateurs sont très sensibles au fait que leur manager prenne du temps pour partager avec eux de l'information sur l'entreprise, de sa stratégie, de son organisation, etc.

Hélas ! bien des entreprises sont victimes du « syndrome du Comité de direction » (voir encadré p. 149) et limitent parfois abusivement le partage d'information à destination des salariés, *a fortiori* jeunes.

Dans ces conditions, le manager qui prévoit des réunions, pour débriefer une décision de la direction de l'entreprise ou expliquer un changement d'organisation, a toutes les chances de marquer des points auprès de ses jeunes collaborateurs. Ce partage de l'information sera perçu comme une marque d'estime et contribuera à répondre à leur quête de sens.

Consulter – L'un des principaux facteurs de désengagement pour les jeunes collaborateurs réside dans l'impression (juste ou erronée) que tout se décide « en haut » et qu'il est inutile d'espérer pouvoir contribuer à la réflexion compte tenu de leur âge. Dans ces conditions, un manager qui consulte ses jeunes collaborateurs, à l'occasion d'une décision à prendre, aura toutes les chances d'augmenter leur niveau d'implication dans l'entreprise. Il ne s'agit pas de cogérer l'entreprise ou le service, mais de recueillir les points de vue et les idées de collaborateurs qui apprécieront cette attention.

Une mise en garde toutefois : le manager devra veiller à ne consulter que dans les cas où il existe réellement une décision à prendre. Les consultations « pour la forme », si elles sont mises à jour, auront des effets contre-productifs sur le niveau d'implication des collaborateurs.

CONSEIL

Le syndrome du Comité de direction

Dans une majorité d'entreprises, le manager reste celui qui « sait avant » ou « est seul à connaître » une information. Cette asymétrie informationnelle est traditionnellement une source de fierté pour les managers qui y voient une reconnaissance de leur légitimité.

En pratique, cette conception se traduit par un très faible partage de l'information. Les managers ont tendance à garder pour eux de nombreuses informations relatives à l'entreprise ou à les partager très tardivement, lorsque le bouche-à-oreille interne a déjà permis aux collaborateurs d'être au courant.

L'exemple typique concerne les Comités de direction. Leurs décisions – même sur des aspects non stratégiques – sont parfois notifiées, plusieurs semaines après, à l'encadrement intermédiaire, qui lui-même prend plusieurs semaines à les répercuter aux collaborateurs qui feignent alors d'apprendre la nouvelle.

Autant être clair, cette conception ne trouve aucun écho auprès des nouvelles générations qui ont une vision diamétralement opposée de l'accès à l'information. Celui qui suscite l'admiration à leurs yeux n'est pas celui qui connaît les petits secrets de la maison et les conserve jalousement, mais celui qui diffuse l'information et plus généralement le savoir aux autres.

Encourager l'initiative – Nous l'avons évoqué, les jeunes diplômés ont souvent envie d'être des acteurs reconnus de leur entreprise. Riches de leur regard neuf sur l'entreprise, il n'est pas rare qu'ils fourmillent d'idées sur de nombreux sujets (nouveaux produits, levier d'amélioration de la productivité, etc.). Dans ces conditions, un manager qui sait encourager et valoriser la prise d'initiative se distinguera positivement aux yeux de ses collaborateurs. Une façon concrète d'y parvenir pour les managers consiste à encourager les jeunes à leur faire part de leurs suggestions d'amélioration et à les associer à leur mise en œuvre[1].

1. Voir le dispositif du « rapport d'étonnement-action présenté dans le chapitre 10.

Conclusion : l'utilisation possible de « personnes ressources »

À la lecture du modèle managérial de manager coach que nous venons de présenter, certains managers peuvent avoir le sentiment que nous avons placé la barre assez haut. Et de fait, il est rare, en pratique, d'être à l'aise sur l'ensemble des dimensions, principalement pour les managers dont la légitimité est aujourd'hui essentiellement basée sur l'expertise.

Deux axes permettent d'avancer ce point de vue :

- la progression personnelle du manager sur certains savoirs être (par de la pratique et des formations) ;
- l'utilisation de « personnes ressources » de son équipe.

En effet, comme le montre une étude récente, les jeunes collaborateurs sont majoritairement favorables à l'idée de disposer de plusieurs « personnes ressources » pour les accompagner au quotidien.

Quel serait pour vous le manager idéal ?

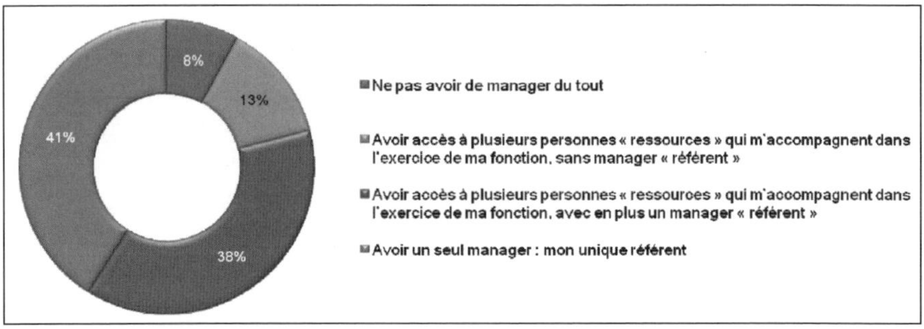

Source : « Les 20-30 ans et le travail », Cegos, avril 2009.

Chapitre 12

LES PROCESSUS RH À L'ÉPREUVE DE LA GÉNÉRATION Y

Les collaborateurs de la génération Y expriment de fortes attentes à l'égard de l'entreprise et de leur manager. Ces attentes, qui vont parfois à l'encontre de l'« ordre établi », interpellent les managers et les organisations. Nous venons de voir ensemble comment les managers pouvaient prendre en compte ces attentes en adoptant une posture de manager coach.

Se pose à présent la question de l'adaptation des organisations et notamment des processus RH. Les entreprises doivent-elles intégrer ces nouvelles attentes et adapter leur processus RH ? Les managers peuvent-ils renouveler leur façon d'animer ces processus ?

Nous avons déjà en partie pris position au sujet du processus de recrutement en suggérant quelques pistes d'adaptation pour permettre une meilleure intégration des jeunes collaborateurs. Dans ce chapitre, nous ferons le point sur deux autres processus majeurs : la formation et l'évaluation. Au préalable, nous clarifierons notre position quant à la nécessité d'adapter les processus au regard du débat qui peut exister à ce sujet.

I. LE DÉBAT SUR LA PERSONNALISATION

A. Les termes du débat

Attirer et fidéliser sont deux objectifs partagés par le marketing et les ressources humaines. Cependant, la déclinaison de ces objectifs est souvent gérée de façon très différente par les deux fonctions.

De façon très schématique, le marketing met un point d'honneur à connaître précisément les attentes de ses différents segments de clients pour leur proposer une offre adaptée. Les possibilités offertes par Internet et le traitement statistique des données permet aujourd'hui de micro segmenter et de personnaliser l'offre à l'extrême.

De leur côté, les ressources humaines ont parfois du mal à sortir d'une logique d'offre globale et indifférenciée. Officiellement, l'offre RH est « une et indivisible » et est censée répondre à l'intégralité des attentes des collaborateurs. Plusieurs éléments expliquent cette vision. D'une part, l'histoire. Avant d'être rebaptisée « ressources humaines », la fonction était dédiée à l'administration du personnel. La logique de standardisation de l'« offre RH » avait donc tout son sens. D'autre part, et c'est spécifique à la France, le poids du principe d'égalité. Proposer une offre RH différente en fonction des collaborateurs relève souvent du tabou. Une illustration de ce principe est visible dans la façon dont sont gérés les « hauts potentiels ». En pratique, cette gestion est souvent réalisée en catimini de peur de mécontenter les autres collaborateurs en donnant l'impression d'une inégalité entre salariés.

Cependant, deux tendances actuelles poussent vers une plus grande personnalisation de l'« offre RH » en fonction des spécificités des publics. Premièrement, le boom du marketing RH et des démarches marque employeurs. Ces dernières ont popularisé l'idée qu'une promesse employeur devait être adaptée à une cible pour avoir un sens. Aux yeux des spécialistes du marketing RH, promouvoir une offre globalisante « tout public » n'a aucun sens.

Deuxièmement, la mise en route des plans seniors prévus par une loi adoptée en 2009[1]. L'un des effets de ces plans est qu'il n'est plus

1. Loi n° 2008-1330 du 17 décembre 2008 sur le financement de la Sécurité sociale pour 2009.

tabou de considérer que les seniors, à l'image d'autres classes d'âges, ont des besoins spécifiques. La loi impose même aux entreprises de traiter différemment cette population du point de vue de l'emploi. Le corollaire est qu'il n'est plus choquant, pour un service RH, de proposer des offres adaptées en fonction des publics et de leurs attentes.

B. Notre position

De notre point de vue, ce débat masque en réalité deux questions différentes.

Faut-il construire des processus RH spécifiques par classe d'âge ?

À cette question, nous répondons par la négative. D'abord, parce que la coexistence de différents processus RH augmente la complexité déjà élevée que doivent gérer les praticiens des ressources humaines et les managers de terrain. Ensuite, parce que cette politique revient à associer mécaniquement l'offre RH à l'âge du salarié, ce qui constitue la négation même du principe de personnalisation des ressources humaines.

Les managers peuvent-ils adapter leur façon d'animer certains processus ?

Oui, de notre point de vue. Et l'utilisation de grilles de lecture générationnelles peut les y aider. Soulignons au passage que le fait d'adapter son style de management pour obtenir une meilleure performance n'a rien de révolutionnaire. De nombreux managers pratiquent l'exercice quotidiennement pour maximiser la performance de leur équipe. Ces managers savent qu'en prenant en compte la personnalité ou l'expérience d'un collaborateur, ils peuvent obtenir de meilleurs résultats.

Partant de ce constat, l'intégration de grilles de lecture générationnelles dans l'animation des processus RH peut être considérée comme une nouvelle façon de gagner en efficacité.

II. LA FORMATION

Pour optimiser l'efficacité des formations à destination des Y, il nous paraît important de bien comprendre la façon dont ces derniers apprennent. Nous présenterons, par la suite, quelques dispositifs de formation innovants mis en place par des entreprises à destination de cette cible.

A. Une évolution du mode d'apprentissage

Comme nous l'avons vu dans le préambule de cet ouvrage (chapitre 2, p. 28), les membres de la génération Y ont un mode d'apprentissage spécifique. Le lien étroit, qui les relie à Internet et aux technologies de l'information, a modifié la façon dont les Y accèdent au savoir et apprennent.

Le mode d'apprentissage traditionnel, caractérisé par une mémorisation des savoirs diffusés par un « sachant », est profondément remis en cause par la façon dont les jeunes apprennent. De plus, les Y sont porteurs de nouvelles aspirations concernant le contenu et les formes d'apprentissage.

À l'image des formats de cours, nous pensons que la formation professionnelle doit évoluer pour être plus efficace. Les programmes de formation nous paraissent devoir intégrer les points suivants pour répondre à ces nouvelles attentes et à ces nouvelles façons d'apprendre.

L'envie d'être un acteur

À l'école comme en entreprise, les Y ont beaucoup de difficultés à s'inscrire dans un modèle d'apprentissage « passif », où ils ne sont pas acteurs. Une des pistes d'explication réside dans l'habitude prise par les *Digital Natives* de naviguer d'une plateforme (site, blog, réseau, etc.) à une autre lorsqu'ils sont à la recherche d'une information. En agissant de la sorte, ils ont pris l'habitude d'être acteurs dans la construction de leur propre savoir. À l'inverse, il leur semble difficile, une fois arrivé en entreprise, de repasser sur un mode « passif » et de se limiter à prendre des notes en écoutant un formateur.

En conséquence, l'utilisation de méthodes de formation « exploratoires », qui laissent une place importante à l'expérimentation, ont toutes les chances de retenir leur attention. Nous y reviendrons par la suite à l'occasion de la présentation des cas d'entreprises (voir p. 157).

Un rapport au temps spécifique

Les professeurs et les formateurs s'accordent généralement pour dire qu'il est difficile de mobiliser l'attention des Y de manière ininterrompue sur de longues périodes.

Le caractère « passif » des modalités d'apprentissage contribue pour une part à ces difficultés d'attention, mais n'explique pas tout. Les Y ont, il est vrai, une tendance à vouloir « surfer » rapidement d'un sujet à l'autre, à l'image d'une navigation Internet. Par conséquent, les programmes, qui prévoient une alternance de séquences relativement rythmées, ont plus de chance de capter leur attention. Une autre façon de prendre en compte cette attente consiste à proposer des formations plus courtes à l'image des « formations flash » développées par Google (voir cas d'entreprises n° 2).

Autre point, les Y apprécient de pouvoir « consommer » les formations de manière différée. La logique est similaire à celle qui préside dans la gestion des loisirs (musique et films notamment) : les Y s'orientent naturellement vers les plateformes qui offrent une grande flexibilité (suivi en différé, mise en pause, etc.).

Nous verrons comment Google a intégré ce point dans son ingénierie de formation au travers de l'initiative « Googler to Googler ».

Le lien avec les technologies de l'information

Nous avons eu l'occasion de le souligner dans le chapitre 2, un lien étroit relie les membres de cette génération aux technologies de l'information et de la communication. Les Y ont un niveau de connectivité très important dans toutes leurs activités (recherche d'informations, correspondance, loisirs, etc.). Il en résulte une conception parfois inversée de la notion de « virtuel ». De leur point de vue, c'est un environnement coupé d'Internet et des technologies qui peut sembler virtuel. En conséquence, les Y s'attendent à retrouver, dans leur environnement professionnel, l'environnement technologique sur lequel ils s'appuient en permanence.

Concernant la formation, il nous semble qu'un des facteurs clés de succès consiste à introduire une dose de technologie dans les dispositifs.

Le goût pour le ludique

Le goût des Y pour le ludique est un des leviers majeurs dont disposent les concepteurs de formation. À l'image des concepts de vie privée et de vie professionnelle, les notions d'apprentissage et de ludique ont tendance à se rejoindre pour les membres de la génération Y. En clair, l'amusement et l'apprentissage ne s'opposent plus et peuvent même se compléter utilement.

Une fois encore, le développement des technologies de l'information a contribué à cette évolution. Ces dernières ont facilité la mise au point de méthodes d'apprentissage intégrant une part de ludique (jeux éducatifs, encyclopédie en ligne, quiz interactifs, etc.).

L'essor des *serious games*, qui s'appuient sur des ressorts ludiques (interactivité, jeu, simulation) pour atteindre des objectifs pédagogiques, est un phénomène à prendre en considération. Encore souvent réservés aux grandes entreprises (voir cas d'entreprise n° 1), les *serious games* reflètent une tendance de fond qui nous semble devoir être prise en compte par l'ensemble des entreprises.

La quête de sens

Nous l'avons vu dans le préambule, la génération Y exprime plus que les autres le besoin de comprendre le pourquoi des situations ou des actions à réaliser. Cette quête de sens, qui vaut parfois à cette génération le surnom de « génération pourquoi » (*Generation Why*, en anglais), est très forte en entreprise.

Appliquée à la formation professionnelle, cette propension à questionner a le don d'agacer les formateurs qui se voient souvent poser des questions du type : « Mais à quoi ça sert de savoir ce que vous nous apprenez ? » Parfois interprétée comme de l'impertinence, cette posture témoignage, à notre avis, d'une réelle volonté de comprendre la finalité de la formation. « Pourquoi suis-je là ? », « En quoi cette formation va-t-elle me servir ? » : telles sont souvent les grandes interrogations des Y qui pénètrent dans une salle de formation.

Deux acteurs semblent parfaitement indiqués pour répondre à ces questions :

- Le manager, qui peut donner du sens en expliquant au jeune en quoi la formation à laquelle il va assister participe au développement de ses compétences.

- Le formateur, qui peut donner du sens en illustrant les concepts qu'il aborde par des exemples issus du contexte professionnel du jeune et en acceptant de répondre aux questions sur l'utilité des formations qu'il dispense.

B. Cas d'entreprises

Cas n°1 : Starbank, le **serious game** *formation du groupe BNP Paribas*

Source : **http://starbankthegame.bnpparibas.com.**

Mis en place en mars 2009, ce jeu en ligne représente une initiative intéressante en matière de formation des nouveaux embauchés.

- **Le scénario**

« Nous sommes en 2505 : la mission qui vous est confiée est de reconstruire une cité extra-orbitale abandonnée.

Pour la faire prospérer, vous devrez mettre en place une banque en construisant des infrastructures comme des agences, des centres d'affaire, des salles de marché.

Vous devrez ensuite la développer en proposant une vaste gamme de services permettant de répondre à des demandes de clients de plus en plus exigeants et fortunés, à l'image de ce que faisait BNP Paribas, sur terre quelques siècles plus tôt...

La cité comportant plusieurs quartiers, vos choix d'implantation devront être judicieux et correspondre aux demandes d'une clientèle variée. Ainsi, aurez-vous la satisfaction de voir prospérer votre ville, qui deviendra à n'en pas douter la cité modèle du XXXIe siècle ! »

- **Le principe**

Inspiré des jeux de simulation de création de ville comme SimCity, le jeu a été conçu à l'attention des nouveaux embauchés du groupe pour faciliter leur intégration. Le joueur se voit confier différentes missions visant à développer la banque (création de points de ventes, développement de nouveaux services financiers, etc.). Il peut suivre en temps réel (une année dure 20 secondes) la rentabilité de ses différents investissements. À la fin de chaque partie, le joueur reçoit un bilan détaillé qui reprend l'enchaînement de ses différentes décisions de manière à lui permettre d'améliorer sa gestion.

- **Les avantages du jeu**

Au travers des différentes missions, le joueur va découvrir de façon ludique les trois grands métiers de la banque : la banque de détail, la gestion d'actifs et la banque de financement et d'investissement.

Par ailleurs, il développe sa connaissance du métier et notamment des interactions entre les différents métiers. Il est aidé en cela par un modèle de simulation qui reconstitue de la manière la plus fidèle possible les grands mécanismes bancaires et les liens entre les différentes activités du groupe.

Pour plus d'informations : www.ktm-advance.com ; www.ludovia.com.

Cas n° 2 : trois dispositifs de formation innovants en place chez Google

- **L'initiative « *Googler to Googler* » (G2G)**

Instaurée en 2007, l'initiative G2G permet à chaque employé de Google (baptisé « Googler ») de créer pour ses pairs un module de formation sur le sujet de son choix.

Les thèmes peuvent être en lien avec l'activité – comment coder, utiliser un tableur – ou orientés sur le développement personnel –

apprendre des pas de salsa. Les employés ont une totale liberté de création et bénéficient du soutien de l'entreprise qui prête une caméra pour filmer le module de formation. Avec le temps, les employés ont créé des milliers de formations qui sont toutes consultables en ligne par les collaborateurs.

- **Les formations flash**

Le concept retenu par Google est simple : offrir aux employés une formation présentielle de 90 minutes sur un sujet précis (à l'exemple de la gestion des conflits ou la prise de parole). L'idée n'est pas d'aller au fond d'une problématique, mais de donner aux participants les concepts fondamentaux.

Concrètement, les collaborateurs sont formés par petits groupes, ce qui permet un bon niveau d'interactivité, et repartent avec un support et des références pour ceux qui souhaitent creuser la problématique. Les participants reçoivent dans les semaines qui suivent des mails de suivi contenant des exercices à réaliser et des suggestions de lecture. Ce dispositif offre l'avantage de ne pas mobiliser les collaborateurs sur des plages d'une journée entière.

- **Les « *Google Speaker Series* »**

Google a mis en place un programme baptisé « *Google Speaker Series* » qui consiste à inviter des orateurs de tous horizons à venir s'exprimer, à l'occasion d'une conférence, devant les collaborateurs de Google.

Les invités et les sujets de conférence sont très variés (programmation, littérature, cuisine, etc.). Ces conférences sont filmées et leur contenu est mis à disposition des collaborateurs, mais aussi de l'extérieur au travers des plateformes vidéo comme Youtube.

Cas n° 3 : Renault Academy, conduire un entretien de vente

- **Le principe**

Ce *serious game* est dédié à la formation des vendeurs de l'entreprise et a pour objectif d'améliorer leurs compétences et leur efficacité dans la conduite d'un entretien de vente.

Sources : www.actu-cci.com ; www.daesign.com.

Le jeu démarre par un quiz avant de plonger le vendeur dans la simulation d'entretien de vente. Les conditions de travail des vendeurs ont été recréées de manière assez réaliste : une concession en trois dimensions, un client virtuel qui pose des questions, etc.

Le vendeur qui parvient à conclure la vente accède de nouveaux défis : un quiz sur le comportement du client qu'il a rencontré, un jeu consistant à repérer les erreurs d'un autre vendeur et une « vente éclair » dans laquelle la moindre erreur est sanctionnée.

▪ Les évolutions majeures induites par le jeu

Interrogé[1] à l'occasion du lancement du jeu, le responsable de formation met en avant d'importantes évolutions.

	Les évolutions apportées par le jeu	
	Dispositif initial	**Après l'introduction du jeu**
Support	PowerPoint sans vidéos ni animations	Jeu interactif avec du son et de la voix
Pédagogie	Passive	Active

1. Érick Haehnsen, « Bienvenue dans la Renault Academy », www.actu-cci.com/article/3246/, 25 février 2010.

Format	600 à 700 mots par module conduisant à un « discours formaté et linéaire[1] »	45 000 mots par module Jeu basé sur un arbre de décisions : chaque jeu est unique
Niveau de satisfaction des apprenants	Faible – 70 % des vendeurs ne terminaient pas leurs modules « Les apprenants décrochaient au bout de la vingtième ou de la trentième diapositive sur soixante-dix »	Non disponible à ce jour (lancement récent), mais le jeu semble susciter l'engouement

1. Gil Simoncini, responsable formation métiers du commerce Renault Academy.

▪ Le « *making of* »

La réalisation du jeu a demandé dix-huit mois et représente un budget de 150 000 €. Décliné en quatre langues (français, anglais, espagnol et portugais), le jeu s'adresse à l'ensemble des dix-huit milles vendeurs dans le monde qui peuvent y accéder très simplement. Le contenu des différents scénarios (par exemple, « L'arbre de décision ») a été construit par la Renault Academy et enrichi par différents pays cibles.

Pour le lancement du jeu, l'entreprise a mis en œuvre un véritable plan média (buzz viral sur l'intranet groupe, bande-annonce, etc.) et a réuni une soixantaine de responsable formation en provenance de trente-sept pays pour leur présenter le jeu et leur remettre un kit marketing (bande-annonce du jeu, notice d'utilisation, CD, plaquette pour les responsables formation, etc.).

III. LE SUIVI ET L'ÉVALUATION

Dans bien des entreprises, l'entretien annuel demeure la pierre angulaire du processus de suivi et d'évaluation des collaborateurs. En ce qui nous concerne, nous pensons que ce « grand rendez-vous » ne correspond plus, sur le fond comme sur la forme, aux aspirations des jeunes collaborateurs. Sur la base de différentes pratiques observées en entreprise, nous proposons une approche renouvelée de l'entretien annuel et des entretiens de suivi.

A. L'entretien annuel

Nous nous intéresserons aux deux principales phases de l'entretien annuel que sont la préparation et la tenue de l'entretien lui-même. Pour chacune de ces étapes, nous préciserons ce qui nous semble devoir être modifié dans le processus classique et les points d'attention particuliers concernant la génération Y.

Préparation de l'entretien

Dans l'approche traditionnelle, la phase de préparation commence par le remplissage d'un support d'entretien annuel. Ce dernier invite le collaborateur à renseigner un certain nombre de « chapitres » afin de faire le point de l'année écoulée et de fixer les objectifs pour l'année à venir. On trouve classiquement des rubriques sur le niveau d'atteinte des objectifs, l'évaluation des compétences professionnelles et les souhaits d'évolution ou de mobilité.

La phase de préparation s'achève le plus souvent par la mise en commun des supports, généralement quelques jours avant la réunion, afin de permettre à chacun de prendre connaissance de ce qu'a écrit l'autre. Ce schéma de préparation classique nous semble pouvoir être adapté pour mieux répondre aux attentes des jeunes collaborateurs. Les principales pistes d'évolution nous semblent être les suivantes.

Informer le jeune sur les « règles du jeu »

Les entreprises investissent généralement du temps et des ressources pour former les managers à préparer et conduire des entretiens annuels. Cet investissement est nécessaire, mais il masque un paradoxe : les jeunes collaborateurs, qui sont par principe les plus « ignorants » en la matière, sont eux rarement préparés à l'exercice. De plus, compte tenu de leur jeune âge, il est rare qu'ils puissent s'appuyer sur leurs expériences passées comme le font les salariés plus expérimentés. En conséquence, les jeunes collaborateurs se retrouvent souvent dans une position inconfortable où ils « subissent » un processus dont ils ne maîtrisent pas les codes.

Des solutions existent pourtant afin de mettre les jeunes collaborateurs à niveau d'information et réduire leur inconfort.

Diffuser des guides d'information – Cette recommandation peut sembler évidente pour les entreprises qui communiquent largement sur le sujet, mais notre expérience d'accompagnement nous a montré que seule une minorité d'entreprises communique de manière suffisante sur la préparation de l'entretien annuel.

EXEMPLE

«Tout ce que vous avez toujours voulu savoir sur l'entretien annuel sans jamais oser le demander»: c'est le nom d'un support créé par une agence de communication pour ses nouveaux embauchés.

Le guide a été établi de manière originale: les jeunes embauchés ont posé de manière anonyme toutes les questions qu'ils avaient au sujet de l'entretien annuel et l'équipe RH a répondu en produisant ce guide qui comporte deux grandes parties.

Une partie sur les fondamentaux de l'entretien (procédure, préparation, délais) qui reprend les informations classiquement diffusées dans les notices d'information. Une autre partie, plus décalée, où l'équipe RH répond aux questions – parfois étonnantes – des nouveaux embauchés. Le style est volontairement très direct et laisse une bonne place à l'humour en jouant sur les clichés associés à l'entretien annuel (tribunal, ring de boxe, etc.).

Les avantages

Parce qu'il adoptait un ton très direct, le guide a permis de répondre à bon nombre de questions concrètes des jeunes: ce qui se dit et ce qui ne se dit pas, les «détails qui tuent», etc. Ce guide a également contribué à «dédramatiser» l'entretien annuel et les angoisses qu'il génère.

Enfin, et ce fut une surprise pour l'équipe RH, le guide a intéressé bien au-delà du public des nouveaux embauchés. Mis à disposition sur le serveur de l'entreprise, le document a été téléchargé par un nombre de collaborateurs représentant cinq fois le nombre des nouveaux embauchés.

La plupart du temps, les notices ou les consignes diffusées concernent la procédure et les délais. Ces informations, indispensables, sont loin de répondre aux nombreuses questions des jeunes collaborateurs: « Quel style de rédaction faut-il utiliser dans le support ? », « Dans quelle mesure pourrai-je rajouter des choses lors de l'entretien ? », « Faut-il ouvertement parler de ses points faibles ? », « Est-il mal vu de cocher la case "mobilité" ? », etc.

Parce qu'il s'agit du premier entretien annuel dans l'entreprise et souvent du premier entretien tout court, les jeunes collaborateurs ont un besoin d'information beaucoup plus fort. Les notices d'information, généralement à destination de l'ensemble des salariés, répondent rarement à ces questions.

Faire intervenir le tuteur – Quelle que soit la qualité du guide d'information diffusé, il est rare qu'il réponde à l'intégralité des questions que se posent les jeunes collaborateurs. Aussi, il nous semble intéressant de mobiliser le tuteur du jeune dans la préparation de l'entretien annuel. Le jeune appréciera fortement de pouvoir échanger hors du cadre hiérarchique sur la façon de remplir le support d'entretien annuel ou le déroulé type d'un entretien dans l'entreprise. Pour le jeune collaborateur, c'est aussi l'occasion de parler salaire et de poser des questions qu'il est difficile de poser à son manager: « Quel est le niveau des augmentations ? », « Quelle est la part individuelle/collective ? », « Puis-je prétendre à une prime exceptionnelle ? », etc.

Intégrer les retours d'autres acteurs

Dans la réalité quotidienne de l'entreprise, les jeunes collaborateurs travaillent souvent aux côtés d'autres acteurs que leur manager (client interne ou externe, chef de projet, autres managers, collègues, etc.). Et pourtant, à l'heure de l'évaluation, les jeunes se retrouvent souvent dans un « tête-à-tête » avec leur manager. Si certains managers prennent le temps de débriefer ce que leur ont dit ces « autres acteurs », le système d'évaluation leur accorde rarement une voix « officielle ». Il y a donc un risque à ce que l'exercice soit perçu comme arbitraire par les jeunes collaborateurs.

De notre point de vue, il est intéressant que le système d'évaluation prenne officiellement en compte la parole de ces autres acteurs, à la manière de ce qui est fait dans le cadre d'évaluations managériales à 360°.

À SAVOIR

La définition de l'évaluation managériale à 360°

Le 360° est une méthode d'évaluation réalisée en interne par la Direction des ressources humaines de l'entreprise ou par un consultant extérieur, consistant à faire évaluer les comportements d'un individu par son supérieur hiérarchique, ses collaborateurs, ses subordonnés, ses clients internes ou externes, et ses fournisseurs et partenaires. L'évalué sélectionne lui-même les participants à son évaluation.

Il est utilisé :

- soit à des fins d'évaluation (avec par exemple une influence sur la rémunération, la promotion ou le recrutement) ;
- soit à des fins d'auto-évaluation, auquel cas les résultats ne sont communiqués qu'à l'évalué, avec une finalité de développement personnel. L'évalué peut ensuite choisir de les partager, ou pas, avec son équipe ou sa hiérarchie.

© Wikipédia.

Dans cette hypothèse, le système d'évaluation va officiellement solliciter un retour des différents acteurs avec lesquels le collaborateur aura le plus été en contact. Afin d'éviter le risque « d'usine à gaz », il peut être intéressant pour une entreprise de réutiliser des dispositifs existants comme la démarche qualité et d'y greffer des éléments concernant l'évaluation des collaborateurs.
Ce type de démarche va permettre au collaborateur de mieux se connaître et d'avoir une vision plus claire de ses points forts et de ses points faibles. Autre avantage, elle permet de limiter le sentiment arbitraire qui existe parfois dans le schéma classique où le collaborateur se retrouve seul face à son manager.

Exemple

L'utilisation du questionnaire qualité par un cabinet conseil

Engagé dans une démarche de certification de la qualité, un cabinet conseil a décidé d'ajouter au « questionnaire qualité » (envoyé à ses clients à chaque fin de mission) des questions permettant une évaluation des consultants ayant participé à la mission. Aux critères d'appréciation traditionnels (coût, qualité, délais) ont été ajoutées des questions sur la qualité des relations interpersonnelles, le niveau d'implication ou les compétences techniques des consultants. Les managers ont ainsi pris l'habitude d'associer les clients du cabinet à l'évaluation des consultants et sont très friands de leur retour. De leur côté, les consultants apprécient que leur performance soit appréciée de plusieurs points de vue.

À noter : il sera difficile à un client de s'exprimer sur un grand nombre de cas individuels. Cette démarche doit donc être limitée aux cas où la configuration du travail a permis au client d'être effectivement au contact du/des collaborateurs.

Pour réussir dans une telle démarche, trois conditions nous semblent indispensables :

- **La généralisation de la démarche à l'ensemble des salariés** – Il est difficilement concevable d'animer deux processus d'évaluation distincts au sein d'une même entreprise. Pour éviter d'être perçue comme du favoritisme ou de la discrimination, la mise en place d'une telle démarche devra donc concerner l'ensemble des collaborateurs.
- **La qualité d'écoute du manager** – Pour obtenir des retours intéressants de la part des différentes parties prenantes du collaborateur (responsable fonctionnel, client interne, etc.), le manager doit, selon nous, disposer de bonnes qualités relationnelles. Ces dernières lui seront indispensables pour aller au-delà des discours « langue de bois » ou catastrophistes.
- **La régularité** – Collecter les retours de différentes parties prenantes d'un collaborateur prend du temps. Les managers ont donc intérêt à recueillir ces retours très régulièrement (par exemple, à chaque fin de mission/projet/trimestre) afin

d'éviter d'être débordés en fin d'année. Autre avantage, les managers réguliers seront en mesure de réaliser des points intermédiaires plus riches et de mettre à jour, le cas échéant, les difficultés ou les mérites d'un collaborateur.

La tenue de la réunion

Au cours de l'entretien, les managers d'Y sont souvent confrontés à trois défis.

▪ Gérer l'émotion

Nous avons déjà eu l'occasion de le mentionner, les jeunes collaborateurs de la génération Y sont souvent perçus comme plus « émotionnels » par leurs collègues plus expérimentés. Un dirigeant nous confiait à ce propos le malaise de certains de ses managers face aux réactions très vives des jeunes collaborateurs lors des entretiens.

Et de fait, il n'est pas rare pour ceux qui managent des Y d'avoir à gérer des pleurs ou des épisodes de colère lors des entretiens annuels. On retrouve à nouveau l'écart entre des managers, qui ont été « éduqués » dans l'idée qu'il fallait conserver un « masque professionnel » en toutes circonstances, et des jeunes collaborateurs, qui vont spontanément exprimer leur ressenti, parfois vivement.

L'une des explications de cette émotivité réside probablement dans le besoin des Y d'être reconnus non seulement en tant que collaborateurs, mais aussi en tant que personnes. De leur point de vue, leur personnalité et leurs compétences forment un tout inséparable qui doit être pris en compte par leur manager. Dans ces conditions, les remarques émises lors de l'entretien annuel n'ont pas la même portée, car elles s'adressent, selon eux, aussi bien au collaborateur qu'à la personne.

Comment le manager peut-il prendre en compte cette émotivité ?

D'abord, en se montrant attentif à l'état d'esprit du collaborateur le jour de l'entretien. Nous pensons que le manager ne doit pas hésiter à adapter son discours, voire à proposer de décaler l'entretien s'il sent que son collaborateur n'est pas « disponible » le jour J.

Autre levier important à ne pas négliger : la communication non-verbale (mimiques, position du corps, expressions du visage, etc.). Certains signaux non-verbaux peuvent aider le manager à se faire une idée de l'état d'esprit du collaborateur ou de sa réaction quant à une remarque. Attention toutefois, le conseil vaut aussi pour le manager qui doit prêter attention à sa propre communication non-verbale.

Cas pratique

Quand les *Digital Natives* pestent contre le progiciel d'évaluation

Un manager a récemment eu une mauvaise expérience lors de l'entretien annuel de l'une de ses jeunes collaboratrices. Alors qu'il saisissait consciencieusement ses remarques sur le progiciel d'évaluation, il eut la surprise de l'entendre dire : « Ça ne vous intéresse pas ce que je vous dis ? »

Décryptage

En pratique, le manager saisissait directement sur son ordinateur les remarques de sa collaboratrice pour des raisons d'efficacité.

De son côté, la collaboratrice était mal à l'aise, car elle avait le sentiment que son manager, qui regardait son écran, ne prêtait pas attention à ce qu'elle disait.

Conclusion

Les jeunes collaborateurs, souvent mal à l'aise lors de leur entretien annuel, sont particulièrement attentifs aux signaux qui montrent que leur manager est à l'écoute. Le manager a donc tout à gagner à « montrer » qu'il est à l'écoute en acquiesçant, en reformulant ou en réagissant aux remarques émises lors de l'entretien.

Enfin, le manager peut avoir intérêt à laisser un espace au ressenti lors des échanges. En effet, le ressenti existe de toute façon et il est parfois préférable qu'il « sorte » à un moment plutôt que de parasiter la totalité de l'entretien.

Une façon concrète de procéder pour le manager peut consister à interroger le collaborateur sur la façon dont il « ressent » un retour émis par une des personnes avec lesquelles il a travaillé (client interne, chef de projet, etc.).

■ Maintenir une dynamique positive

En cohérence avec le modèle managérial de manager coach évoqué précédemment (voir chapitre 11, p. 140), il nous semble important que le manager fasse l'effort de maintenir une dynamique positive tout au long de l'entretien.

De ce point de vue, la dynamique binaire « points forts/points faibles » de certains supports d'évaluation n'aide pas, car l'entretien s'achève sur les points à améliorer, ce qui peut laisser un sentiment d'amertume, voire décourager.

Pour optimiser le déroulement de l'entretien, il nous semble important que le manager structure l'entretien différemment en se basant sur les projets ou les compétences à acquérir. En clôture, le manager pourra orienter la discussion vers l'action et commencer à esquisser un plan d'accompagnement pour l'année à venir.

■ Poser la question de son management

Une des pierres angulaires du modèle de « manager coach » que nous recommandons consiste à développer une logique de collaboration entre le manager et son collaborateur.

De notre point de vue, cette logique implique que le manager soit prêt à poser la question de son management lors de l'entretien annuel. Cette question n'est pas simple à poser, car il y a toujours la crainte d'ouvrir la « boîte de Pandore » et de recueillir un retour négatif. De plus, certains managers, notamment les débutants, craignent de paraître peu sûr d'eux s'ils posent la question. Or, c'est précisément l'inverse. Aux yeux d'un Y, un manager qui accepte d'ouvrir le jeu sur cette question montre qu'il est réellement à l'écoute et désireux d'investir dans la relation. À l'inverse, un manager qui refuse d'aborder la question risque d'être perçu comme distant, voire méprisant.

Par ailleurs, il est difficile pour un collaborateur d'avoir un manager qui oscille entre différentes postures en fonction des situations (manager coach au quotidien vs. manager hiérarchique en entretien). Ces oscillations, même si elles sont involontaires, risquent d'être perçues comme une habileté de la part du manager et d'entamer la confiance du collaborateur.

Une fois établie la nécessité de poser la question du management se pose la question de la formulation. De notre point de vue, la question doit être formulée en toute fin d'entretien, afin d'éviter tout malentendu quant aux effets de la réponse du collaborateur.

B. L'entretien de suivi

Nous venons d'évoquer ensemble quelques pistes pour optimiser la préparation et le déroulement de l'entretien annuel. Temps fort dans la relation avec le manager, cet entretien ne permet pas, à lui seul, de suivre de jeunes collaborateurs peu expérimentés.

Les entretiens de suivi, intervenant en cours d'année, ont donc toute leur importance et constituent une donnée essentielle de la relation entre le jeune et son manager. Avant de proposer quelques pistes pour optimiser la préparation et la tenue de ces entretiens, il nous semble important d'en rappeler les bénéfices pour le manager et pour son collaborateur.

L'objectif de ces entretiens

Pour le manager, les entretiens de suivi sont l'occasion de faire le point sur les contributions du jeune et de lui donner du retour de manière régulière.

Nous l'avons évoqué précédemment, les Y peuvent avoir tendance à solliciter leur manager à de très nombreuses reprises pour obtenir un retour ou une information. En planifiant à l'avance les entretiens de suivi, le manager va structurer la demande de retour de son collaborateur avec deux effets positifs notables :

- Une diminution des « questions à la volée », dont la fréquence peut le gêner dans ses propres missions.
- La satisfaction, pour le jeune, de savoir que son manager le juge suffisamment important pour prévoir un temps dédié avec lui régulièrement. Pour cette raison, il nous paraît important que le manager évite, dans la mesure du possible, de reporter ces réunions.

La préparation des entretiens

La première étape nous semble être la définition de règles du jeu avec le jeune. Il s'agit pour le manager d'expliquer à son collaborateur les objectifs de ces entretiens, leur préparation et leur périodicité.

TÉMOIGNAGE

... d'un manager

J'ai mis en place un point hebdomadaire avec un jeune apprenti que j'ai récemment intégré. Lors d'un point, j'ai eu droit à une remarque inattendue : « De toute façon, vous me faites moins confiance. Vous voyez mon collègue tous les mois alors que moi, c'est toutes les semaines. »

J'ai dû lui expliquer que cette périodicité n'était pas liée à sa personne, mais au fait qu'il était nouveau et qu'elle pourrait évoluer à l'avenir.

Notre lecture de la situation

La réponse du manager est excellente, car en plus de dissiper un malentendu, elle montre qu'il s'adapte à la situation actuelle et future du jeune.

Dans le cadre de la préparation, il est intéressant que le manager demande au jeune de préparer des questions. Pour éviter tout malentendu, il peut être utile que le manager clarifie ce qu'il met sous le vocable « questions ». Ainsi, si le manager espère disposer pour chaque problématique de différentes options de solution, il doit le dire au collaborateur. De son côté, le manager gagne en efficacité s'il liste à l'avance les messages qu'il souhaite faire passer au collaborateur.

À noter : les entretiens de suivi sont pleinement efficaces s'ils servent à faire passer des messages individuels. D'autres formats, comme la réunion d'équipe, sont plus adaptés pour diffuser des informations générales. Ces formats collectifs permettent également d'éviter d'éventuelles asymétries d'information entre collaborateurs.

La réunion

En fonction des projets en cours et des fonctions du collaborateur, la réunion peut très bien être courte. Un bon entretien de suivi peut très bien se tenir en 30 minutes s'il a été préparé de part et d'autre.

Concernant la conduite de la réunion, il peut être intéressant de laisser progressivement le jeune prendre des responsabilités et « animer ». Une façon de réaliser l'exercice peut consister à lui donner la parole en début de réunion pour qu'il fasse un point sur les différents projets auquel il contribue.

Un des enjeux pour le manager est de faire en sorte que cette réunion de suivi soit la plus interactive possible et que le jeune collaborateur se l'approprie. En conséquence, il peut être intéressant, pour lui, de diffuser ses messages au fur et à mesure de la discussion et des points développés par le jeune et non « en bloc ».

Concernant le déroulé de la réunion, les remarques formulées à propos de l'entretien annuel restent valables : le manager sera confronté au défi de gérer l'émotion et maintenir une dynamique positive tout au long de l'entretien.

Chapitre **13**

GÉRER L'INTERGÉNÉRATIONNEL

Dans les précédents chapitres de cet ouvrage, nous avons volontairement porté notre attention sur les jeunes collaborateurs de la génération Y. Nous nous sommes notamment intéressés à leurs attentes vis-à-vis de l'entreprise et à l'égard de leur manager, ainsi qu'aux leviers pertinents pour attirer, intégrer et manager les membres cette génération.

À travers ce chapitre, nous souhaitons élargir le spectre et aborder la question du management intergénérationnel. Nous le verrons, les managers ont de plus en plus en charge le management d'équipes diverses en termes d'âges et sont parfois confrontés aux défis du « vivre ensemble » et de l'efficacité opérationnelle. Nous nous intéresserons dans un premier à temps à définir le concept de management générationnel et ses enjeux avant de présenter un état des lieux de la coopération générationnelle en entreprise. Enfin, nous examinerons les méthodes et les outils sur lesquels les managers peuvent s'appuyer pour initier ou améliorer le fonctionnement intergénérationnel de leurs équipes.

I. POURQUOI S'INTÉRESSER AUX GÉNÉRATIONS DANS L'ENTREPRISE ?

Le concept du management intergénérationnel étant encore peu répandu dans le monde de l'entreprise, il nous semble important de faire le point sur le contenu qu'il recouvre et les enjeux qui lui sont associés.

A. L'évolution de la démographie du travail

Comme nous l'avons évoqué précédemment, les entreprises vont vivre dans la prochaine décennie un important « chassé-croisé » générationnel. Pour schématiser, les travailleurs issus des générations du baby-boom vont massivement quitter le monde du travail pour partir en retraite, tandis que les membres de la génération Y vont continuer à intégrer le marché du travail.

Pour la France, l'Insee estime qu'un tiers des personnes en emploi en 2005 aura définitivement quitté le marché du travail en 2020. Certains secteurs d'activité présentant une moyenne d'âge élevée, comme l'énergie ou la banque, vont perdre plus de 40 % de leurs actifs.

Cette évolution démographique majeure va s'accompagner d'une multiplication des situations de « cohabitation générationnelle » au sein des entreprises. Le départ des baby-boomers – comme l'arrivée des Y – s'étalant sur plusieurs années, les entreprises seront de plus en plus nombreuses à réunir trois, voire quatre générations sur un lieu de travail. La capacité à faire vivre et travailler ensemble des collaborateurs issus de générations différentes va donc devenir une compétence clé pour les managers.

B. Les enjeux du management générationnel

Si l'on en croit l'affirmation selon laquelle « Le management est un art », le management intergénérationnel peut alors être défini comme l'art de faire vivre et travailler ensemble des collaborateurs de générations différentes. Il vise ainsi à développer un esprit de collaboration entre les générations. Ce management facilite l'intégration de nouveaux collaborateurs et la prise en compte des attentes spécifiques des seniors. Il existe différents enjeux liés cette approche.

La coopération entre les générations et l'efficacité opérationnelle

À l'heure où beaucoup d'entreprises fonctionnent en « mode projet » et sont soumises à de fortes contraintes de compétitivité, la coopération entre collaborateurs représente un enjeu de compétitivité majeur. Interrogés dans une récente étude[1], 62 % des salariés français ont d'ailleurs estimé que la cohabitation entre différentes générations représente une source de productivité pour l'entreprise.

À l'image du cloisonnement qui existe parfois entre les services d'une entreprise, l'existence de « bulles générationnelles » constitue une menace pour la productivité. En effet, l'expérience montre que des groupes de salariés, qui ne se fréquentent pas, ont plus de mal à travailler ensemble. Le déficit relationnel qui existe parfois entre jeunes et anciens n'est donc pas simplement une menace pour la convivialité, mais concerne directement la productivité de l'entreprise.

À l'inverse, une entreprise, qui parvient à instaurer une réelle mixité générationnelle, gagne en efficacité, car ses collaborateurs se connaissent déjà au moment où l'entreprise les mobilise autour d'un même projet. Le risque de retard ou de quiproquo lié à la découverte de l'autre est donc réduit d'autant.

Le transfert des savoirs de l'entreprise

Nous l'avons évoqué précédemment, un défi majeur attend les entreprises sur ce point. Ces dernières vont devoir transmettre en un temps limité – les départs en retraite étant programmés – la masse des savoirs accumulés par l'entreprise à de nouvelles générations de collaborateurs.

De notre point de vue, la qualité de ce transfert de savoirs dépend étroitement de la bonne entente et du niveau de coopération entre les différentes générations de collaborateurs. En effet, deux facteurs sont à prendre en compte à ce sujet :

- **L'absence fréquente de dispositif organisant le transfert des savoirs** – Une partie importante des entreprises ne possède pas de dispositif formalisé pour transférer les savoirs des salariés qui s'apprêtent à partir en retraite. La conséquence est simple : le transfert des connaissances dépend du bon vouloir des collaborateurs. La bonne entente entre les différentes générations sera le facteur de motivation principal pour réaliser ce partage des savoirs.

1. Kelly services, « Kelly Global Workforce Index », septembre 2009.

- **L'existence de nombreux savoirs informels** – Une partie importante des savoirs d'une entreprise sont informels (« savoirs-être », réflexes professionnels). Un auteur estime même cette part à 80 %. Ainsi, même dans les entreprises ayant mis en place un dispositif de transfert des savoirs, la qualité du transfert dépend de la volonté des collaborateurs expérimentés. En conséquence, un manager qui parvient à instaurer une bonne coopération entre les générations augmentera les chances de conserver les savoirs de l'entreprise.

La prévention des conflits générationnels

Nous le verrons dans la seconde partie du chapitre, il existe une grande diversité de situations au sein des entreprises françaises. Certaines connaissent un bon niveau de coopération entre générations, tandis que d'autres sont soumises à des conflits.

Selon une récente étude[1], 34 % des salariés français ont été confrontés à des conflits générationnels au cours de leur carrière. Sources de tensions entre collaborateurs, ces conflits ont également un impact sur la productivité des entreprises. Un des enjeux majeur du management générationnel consiste donc à prévenir ces conflits.

C. « Oui mais… »

Comme toutes les approches managériales, le management intergénérationnel soulève parfois des objections et des critiques. Selon nous, il est important d'y répondre. Les principaux arguments développés sont les suivants.

« Le prisme générationnel a des limites… »

À l'évocation du management intergénérationnel, certains objectent que cette approche ne permet pas de répondre à l'intégralité des problématiques managériales. Nous partageons totalement cette affirmation. Le management intergénérationnel n'est qu'une grille parmi d'autres à la disposition des managers. Personnellement, nous

1. Kelly services, « Kelly Global Workforce Index », septembre 2009.

pensons qu'il s'agit d'une approche intéressante, car elle permet de manager « en trois dimensions » en intégrant à la fois le caractère d'un individu (dimension individuelle) et son appartenance générationnelle (dimension collective).

Pour mémoire, l'approche générationnelle est une grille d'analyse collective. Elle ne vise pas à appréhender le comportement d'un individu pris isolément, mais constitue une grille d'analyse intéressante pour comprendre un groupe. Pour reprendre l'expression d'un auteur[1], l'approche générationnelle « vise à identifier ce que les membres d'une génération ont en commun plutôt qu'à repérer ce qui les différencie ». En conséquence, nous ne saurions que trop recommander aux managers d'utiliser d'autres grilles de lecture en complément de la grille générationnelle.

« C'est encore une méthode complexe... »

Le management intergénérationnel n'est pas une méthode complexe type « usine à gaz » devant être appliquée « mécaniquement » par les entreprises. Il s'agit avant tout d'une démarche d'ouverture qui vise à promouvoir de nouvelles pratiques managériales. L'ouvrage que nous présentons propose des pistes pour y parvenir, mais il n'a pas vocation à être décliné de A à Z.

« C'est inutile, les jeunes – ou les anciens – n'ont qu'à s'adapter »

Il s'agit d'une objection classique à l'encontre du management intergénérationnel. Ce discours peut émaner de personnes très différentes.

Les « égalitaristes convaincus » – Certains managers sont, de bonne foi, convaincus que les seniors et les jeunes sont porteurs des mêmes attentes et qu'ils peuvent, en conséquence, être managés de la même façon.

De façon intéressante, ce discours peut aussi bien émaner de jeunes managers, qui pensent que leur vision du monde est partagée par les anciens, ou de managers expérimentés, qui sont persuadés que les attentes des jeunes n'ont pas évolué depuis leurs propres débuts.

---

1. Jacques Lambert, *Management intergénérationnel,* Lamarre, Fonction cadre de santé.

Les « anxieux » – Ces managers sentent que la génération qui arrive en entreprise est différente des précédentes, mais sont souvent un peu désemparés et espèrent que les jeunes changeront et adopteront les façons de faire de leurs aînés. Il est intéressant, pour comprendre cette position, de lire l'arrivée de la génération Y sous l'angle de la conduite du changement.

Zoom

L'arrivée de la génération Y vue sous l'angle de la conduite du changement

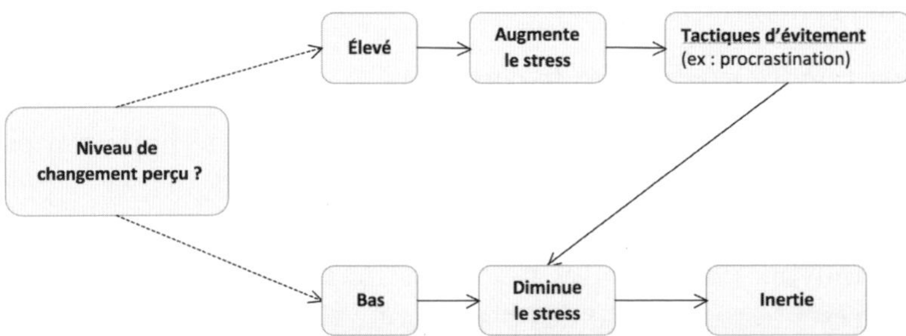

À l'image d'autres changements de grande ampleur (arrivée de l'informatique, internationalisation), l'arrivée d'une nouvelle génération de collaborateurs dans une entreprise peut générer des inquiétudes.

De fait, l'arrivée de la génération Y porte en germe la remise en cause de modes de pensée et de fonctionnement préexistants. Elle questionne un paradigme sur lequel la majeure partie du corps social s'est alignée, parfois au prix d'un long et dur apprentissage.

Comme l'indique le schéma[1] reproduit ci-dessus, les individus confrontés au changement ont naturellement tendance à mettre en place des mécanismes qui réduisent leur niveau de stress.

À la question « La génération Y constitue-t-elle un changement important ? », les collaborateurs d'une entreprise répondent parfois par la négative, car cette réponse diminue leur niveau de stress. En effet, si la génération Y est identique à la précédente, il est inutile de faire évoluer les modes de management, les processus RH, etc. Tout peut rester à l'identique.

De façon intéressante, même les collaborateurs, qui considèrent que l'arrivée d'une nouvelle génération dans l'entreprise est un changement important, ont tendance, par la suite, à mettre en œuvre des mécanismes d'évitement (procrastination[2] notamment) pour réduire leur niveau de stress.

1. Adapté de Kees van der Heijden (dir.), *The Sixth Sense, Wiley, 12 septembre 2002.*
2. Terme emprunté à la psychologie qui désigne la tendance pathologique à remettre systématiquement au lendemain les actions à réaliser.

Ce raisonnement qui parie sur l'« assimilation » progressive des générations à un modèle nous paraît peu satisfaisant. En niant les spécificités des différentes générations, il prive les managers d'en exploiter les potentialités. Or, notre conviction est que cette diversité générationnelle est un atout pour l'entreprise.

II. ÉTAT DES LIEUX DE LA COOPÉRATION GÉNÉRATIONNELLE EN ENTREPRISE

Avant de nous intéresser aux leviers dont disposent les managers pour gérer l'intergénérationnel, il nous semble intéressant de dresser un panorama des situations qui existent en entreprise. Nous compléterons cet état des lieux par une revue des principaux facteurs générateurs de conflits générationnels.

A. Typologie : de la collaboration à la confrontation

En nous basant sur nos expériences d'accompagnement, nous sommes parvenus à établir une typologie des différentes situations qui se présentent en entreprise. Comme nous le détaillons ci-dessous, les niveaux de coopération entre les générations varient fortement, allant de la collaboration à la confrontation, en passant par la cohabitation.

Type 1 : Collaboration

Dans les entreprises qui se trouvent dans une situation de type « collaboration », les salariés de générations différentes n'ont aucune difficulté à communiquer et à travailler ensemble. Concrètement, les collaborateurs de tous âges se mélangent naturellement lors des phases de travail comme lors des phases de convivialité (déjeuner et pauses notamment). Autre indice visible, les plus anciens prennent spontanément du temps pour épauler les plus jeunes et partager avec eux leurs connaissances et leurs « trucs ».

Précisons-le d'emblée, les organisations qui se trouvent dans cette situation de collaboration ouverte entre générations sont peu nombreuses. On les trouve généralement dans des univers où la culture professionnelle est très marquée (à l'exemple du monde du rail, de l'armement, du social). Dans ces contextes, la très forte culture professionnelle à tendance à « gommer » les différences d'âge entre les individus qui se définissent d'abord par leur métier ou leur appartenance à une entreprise. L'enjeu pour le manager dans ce type d'organisation consiste à identifier les raisons (modes de travail, outils, pratiques, etc.) de cette bonne coopération et de se montrer attentif à leur pérennisation.

Type 2 : Cohabitation

La majeure partie des entreprises se trouve dans une situation de type « cohabitation ». Cette situation est caractérisée par deux éléments :

- **Une absence de conflit ouvert** – Il n'existe pas de crise ouverte entre les générations et malgré quelques incompréhensions, qui apparaissent à l'occasion de projets en commun, jeunes et expérimentés ne s'invectivent pas.
- **Une absence de relations entre les collaborateurs d'âges différents** – À moins d'y être obligées, les générations se mélangent très peu dans le travail ou lors de moments de convivialité (voir syndrome de la cantine ci-après). En clair, il existe une certaine « étanchéité » entre des collaborateurs de générations différentes. Ce cloisonnement peut parfois transparaître dans le vocabulaire (tel que le tutoiement des anciens ou des jeunes entre eux).

L'enjeu pour le manager, dans ce type d'organisation, consiste à améliorer le fonctionnement intergénérationnel et de passer d'une logique de mixité « subie » à une logique de collaboration.

Nous présenterons dans la troisième partie du chapitre quelques méthodes à la disposition des managers pour y parvenir.

Enfin, il s'agit également d'analyser la récurrence des incompréhensions qui peuvent survenir, afin d'éviter de basculer dans une situation conflictuelle de type 3.

CONSEIL

Le syndrome de la cantine

Dans de nombreuses cantines ou cafétérias d'entreprise, on peut observer un certain cloisonnement entre les générations. Inconsciente la plupart du temps, cette séparation se matérialise par l'existence de tables d'« anciens » et de tables de « nouveaux » où les mêmes collaborateurs se retrouvent tout au long de l'année.

Ces lieux de convivialité sont importants, car les collaborateurs y discutent souvent sur un mode plus décontracté et apprennent à mieux se connaître. Au fur et à mesure du temps, il est fréquent que les membres d'un « groupe » – d'anciens ou de nouveaux – développent une forte proximité entre eux, mais ne connaissent absolument pas les collaborateurs des autres « groupes ».

Cette absence de mixité est problématique car elle augmente le risque d'incompréhensions et de conflits lors des projets au cours desquels ces « groupes » doivent travailler en commun.

Type 3 : Confrontation

Les entreprises qui sont dans ce type de situation présentent plusieurs points communs :

- **L'existence de « clans » générationnels** – Dans ces entreprises, le cloisonnement entre les générations est quasi absolu. Les collaborateurs d'âges différents sont très réticents à l'idée de travailler ensemble et ne se fréquentent jamais lors des moments de convivialité. Chaque « clan » a ses propres codes (tenue, langage, humour, etc.) et fonctionne de manière autonome. Les revendications à l'égard de la direction reprennent ce clivage et ne s'expriment que de façon catégorielle.

- **Une défiance assumée entre les collaborateurs de générations différentes** – En plus du cloisonnement que nous venons d'évoquer, les membres d'un clan n'hésitent pas à exprimer ouvertement des jugements de valeur les uns vis-à-vis des autres (voir encadré ci-après). À l'inverse de la situation de type « collaboration », le conflit est donc ouvert.
- **La survenance de « clashs »** – Parce qu'ils ne communiquent que lorsqu'ils y sont obligés, les collaborateurs de générations différentes se retrouvent souvent en temps de « crise ». Au stress de la situation s'ajoute alors souvent la défiance et l'incompréhension et ce mélange débouche de façon régulière sur des « clashs », où les participants de chaque « camp » s'invectivent de façon virulente.

ZOOM

Verbatim de collaborateurs dans les entreprises en situation de Type 3 « confrontation »

À noter : les citations ci-dessous concernent, heureusement, une minorité d'entreprises. Pour plus de lisibilité, nous les avons regroupés par « clans » :

- **Le clan des anciens** (s'exprimant à propos des jeunes) : « Les jeunes ne savent plus travailler. C'est la génération 35 heures. Il n'y a rien à en tirer », « Ils passent leur vie derrière leur ordinateur, mais sont incapables de réfléchir », « Ils sont pas là depuis trois mois qui veulent déjà nous apprendre notre métier. »
- **Le clan des jeunes** (s'exprimant à propos des anciens) : « Vu ce qu'ils sont payés, ils pourraient se bouger un peu plus », « Si on virait tous ceux qui sont dans un placard, on pourrait en faire des choses », « Ils sont incapables de répondre aux mails, c'est dingue ! »

Pour le manager, dans ce type d'organisation, l'enjeu majeur est d'abord d'instaurer un respect entre les collaborateurs d'âges différents et de faire cesser la logique de « clan ». Ce préalable est indispensable avant d'envisager tout fonctionnement intergénérationnel. Nous verrons ensemble dans la troisième partie de ce chapitre les différents leviers sur lesquels peuvent s'appuyer les managers.

Les trois types de rapports générationnels au sein des entreprises			
	1. Collaboration	**2. Cohabitation**	**3. Confrontation**
Mixité entre les générations	Importante et naturelle (lors du travail et des moments de convivialité)	Peu fréquente et souvent « subie »	Cloisonnement quasi absolu
Conflictualité entre les générations	Aucune	Quelques incompréhensions à l'occasion de projets communs	Incompréhensions fréquentes Survenance de « Clashs »
Enjeux pour le manager	Pérenniser	Améliorer le fonctionnement intergénérationnel	Donner envie aux différentes générations de travailler ensemble

B. Les principaux motifs de conflits entre générations

Même si les causes des conflits entre générations sont très diverses, plusieurs facteurs se retrouvent souvent.

L'usage des technologies

Nous l'avons évoqué dans le préambule, au chapitre 2, les membres de la génération Y entretiennent un rapport étroit avec Internet et les technologies de la communication. Parce qu'elles ont « grandi avec » ces technologies, les jeunes générations portent souvent un regard différent sur leur utilisation dans un contexte professionnel.

En témoigne une récente étude[1] qui a demandé à des collaborateurs de différentes générations de se prononcer sur « ce qui était acceptable » en matière d'utilisation des technologies au travail. Les résultats reproduits dans le tableau ci-après montrent qu'il existe une différence d'appréhension en fonction des générations de « ce qui se

1. « Technology Gap Survey », Lexis Nexis, 2009.

fait » et de « ce qui ne se fait pas » en entreprise.

Dans quelle mesure est-il acceptable de… (% de « plutôt » et « tout à fait » acceptable)	**Baby-Boomers (45-54 ans)**	**Gén. X (33-44 ans)**	**Gén. Y (18-32 ans)**
Écouter une radio en ligne pendant le travail	63 %	81 %	84 %
Sympathiser avec un collègue sur un réseau social	24 %	44 %	47 %
Bloguer sur des questions professionnelles	28 %	42 %	43 %
Aller sur des sites sans rapport avec l'activité de l'entreprise	48 %	62 %	58 %
Utiliser une technologie ou un logiciel de l'entreprise à des fins personnelles	51 %	67 %	59 %

Les modes de communication

En liaison avec le précédent point, les collaborateurs issus de générations différentes ont souvent une opinion divergente quant aux modes de communication à utiliser dans une situation donnée.

Cas pratique

Dans une société du secteur automobile, Antoine, jeune cadre RH, s'est vu confier la mise en place d'un système d'information RH. Dans le cadre de son projet, il doit gérer deux types de public :

- Des jeunes consultants qui travaillent sur l'outil et la conduite du changement.
- Quelques cadres expérimentés qui apportent leur connaissance fine du secteur de l'automobile et des processus de l'entreprise.

Pour optimiser la réalisation de certaines tâches, Antoine a mis en place des outils collaboratifs qui facilitent le travail « à plusieurs mains ». De même, il décide de minimiser la communication écrite et par téléphone, et de mettre à disposition l'ensemble des données (chartes, comptes rendus de réunions, etc.) sur un serveur commun.

Au bout de quelques semaines, Antoine est averti par son responsable que les cadres expérimentés avec lesquels il travaille n'apprécient pas ses méthodes de travail.

Analyse de la situation

Antoine a mis place une méthodologie qui convient parfaitement aux jeunes contributeurs du projet, qui sont habitués à utiliser un outil collaboratif et à aller chercher de l'information sur un serveur. En revanche, il a moins prêté attention aux cadres expérimentés, à leur niveau de maîtrise des outils collaboratifs et aux modes de communication auxquels ils sont sensibles.

Les cadres expérimentés ont eu l'impression d'être négligés dans le cadre du projet. Un des retours donnés par l'un d'eux est très parlant de ce point de vue : « Quand je demande une information, ce n'est pas pour m'entendre dire qu'elle est disponible sur un serveur ; et puis cela fait quinze ans que j'ai mon système de classement interne, je ne vois pas pourquoi j'en changerais du jour au lendemain. »

En conclusion, face à un public divers en termes d'âge, il est important de prendre le temps de préciser sa méthode de travail – modes de communication, réunions, etc. –, d'expliquer les raisons qui ont justifié le choix d'une telle méthode – délais, travail à plusieurs mains, etc. – et de valider le niveau de maîtrise des différents contributeurs du projet quant aux outils utilisés.

Le niveau de maîtrise des outils informatiques ne suffit pas à expliquer ces différences générationnelles.

Au travers de leur éducation et de leurs expériences professionnelles, les collaborateurs issus de générations différentes ont souvent acquis des réflexes professionnels opposés en matière de modes de communication.

Même s'il est difficile de rentrer dans une typologie générale (jeunes/anciens), tant les pratiques varient en fonction des secteurs et des entreprises, il est important de garder à l'esprit que certains modes de communication, utilisés massivement par les jeunes (messagerie instantanée ou réseaux sociaux notamment), peuvent créer du cloisonnement si leur utilisation n'est pas maîtrisée par l'ensemble des collaborateurs.

Être managé par un plus jeune

Le fait pour un collaborateur d'être managé par une personne plus jeune peut également être une source de conflit. La difficulté est d'autant plus forte si le manager et le managé étaient auparavant collègues. Dans cette situation, la promotion d'un plus jeune peut donner le sentiment au collaborateur plus âgé d'avoir été « dépassé » ou que le choix a été effectué « contre » lui.

Pour un jeune, c'est également une position difficile à assumer, car la plupart du temps, il ne bénéficie pas de l'*a priori* positif associé à l'expérience.

TÉMOIGNAGE

... d'Olivier, 28 ans, superviseur dans un centre d'appel téléphonique

« Actuellement superviseur dans un centre d'appel, mon travail implique parfois de "recadrer" les collaborateurs. J'ai du récemment reprendre une opératrice qui se montrait agressive avec les clients au téléphone.

Quelques jours plus tard, mon responsable m'a raconté qu'elle était venue se plaindre à lui en disant "qu'elle n'allait pas se laisser dicter sa conduite par quelqu'un qui pourrait être son fils". »

Ces observations militent pour que les ressources humaines se montrent particulièrement attentives en matière de nominations. Dans certains cas, il peut être intéressant de promouvoir un jeune dans un autre service pour minimiser le risque de conflit sur ce point.

Les inégalités salariales

Les inégalités de salaires ou de statuts sont également à la source de nombreux conflits générationnels. Plusieurs cas différents peuvent se présenter en fonction des contextes d'entreprise.

Dans les entreprises à statuts ou dans le secteur public, il arrive fréquemment que de jeunes experts soient recrutés sur la base des rémunérations du privé avec un niveau de rémunération supérieur au manager auquel ils sont associés. Cette disparité peut être mal vécue par le manager « statutaire » qui, lui, est soumis à une évolution réglementée.

À l'inverse, il arrive que des entreprises à statuts aient été contraintes d'abandonner un modèle social très favorable (rémunération, système de retraite, primes, etc.) au fur et à mesure des réformes. Dans ces situations, ce sont alors les jeunes collaborateurs qui peuvent se montrer envieux des « privilèges » des anciens collaborateurs auquel ils n'ont pas droit.

Dans le secteur privé, deux grandes situations peuvent porter atteinte au sentiment d'équité. Premièrement, lorsqu'une entreprise élève fortement le niveau de qualification qu'elle exige pour un poste.

Témoignage

... d'un senior dans une centrale de production d'électricité

« Quand je suis arrivée, il y a 25 ans, un CAP suffisait. Maintenant, l'entreprise a décidé qu'il fallait au minimum un bac +4. Du coup, on a des jeunes arrivants qui gagnent plus que nous alors qu'ils n'ont aucune pratique. Ce n'est pas normal. »

La situation inverse peut également se produire dans les entreprises qui font dépendre de nombreux avantages (primes, jours de congés supplémentaires, etc.) de l'ancienneté des collaborateurs.

Témoignage

... d'un jeune ingénieur conducteur de travaux publics

« J'ai beau avoir bac +5, travailler 60 heures par semaine et avoir de très grosses responsabilités, je gagne moins que certains ouvriers de mes chantiers qui sont aux 35 heures avec des heures sup' et qui ont droit au panier repas et aux primes d'ancienneté. »

C. Quelques pistes pour diagnostiquer la situation d'une entreprise

Comme nous venons de le voir, le niveau de coopération entre les générations peut varier fortement d'une entreprise à l'autre. La première étape consiste donc à faire un diagnostic de la situation de l'entreprise. Pour ce faire, deux pistes complémentaires sont possibles.

La réalisation d'un « audit de l'égalité des âges »

L'expression vise à rappeler que les entreprises ont tendance à oublier certaines générations dans leurs gestions des talents. Dans ces conditions, il peut être intéressant de suivre la recommandation de Jean-Marie Peretti[1] et de réaliser un audit sur la mise en œuvre des principales décisions individualisées de l'entreprise : augmentation des rémunérations, primes, promotions, mobilités, formations, etc.

Cet audit permettra de dire si une classe d'âge a objectivement été quelque peu « oubliée » par l'entreprise et permettra d'identifier le ou les domaines devant faire l'objet de mesures correctrices pour assurer une équité entre les générations. Dans les situations de tension, la réalisation d'un tel audit est précieuse, car elle permet d'objectiver les débats et de raisonner au-delà des « ressentis ».

Une autre façon d'obtenir des informations consiste à analyser le résultat des enquêtes RH internes ou « baromètres sociaux » par classe d'âge. Ces enquêtes interrogent les collaborateurs sur de nombreux thèmes (rémunération, relation avec le management, sentiment d'appartenance, etc.) et peuvent faire apparaître des différences entre générations qui orienteront le travail des ressources humaines sur ce point.

L'observation des comportements

Très complémentaire avec la réalisation d'un audit, l'observation des comportements permet de renseigner sur le niveau de coopération entre les générations. Sans prétendre aucunement à l'exhaustivité, nous vous proposons quelques questions pour guider cette observation.

1. Professeur à l'ESSEC, **http://essec.typepad.fr/**.

QUESTION

Quelques questions à se poser

- Y a-t-il dans une répartition équilibrée des classes d'âges dans le service? Certaines catégories (jeunes, seniors) sont-elles surreprésentées par rapport à d'autres?
- Lors des moments de convivialité (café, cantine), les collaborateurs de générations différentes se mélangent-ils spontanément?
- Tutoiement/vouvoiement: Existe-t-il des pratiques différentes (à l'exemple des jeunes ou des anciens qui se tutoient entre eux, mais vouvoient les autres)?
- Lors de la mise en place d'un programme de tutorat, est-il facile de trouver des volontaires pour être tuteur?
- Dans la vie quotidienne du service, peut-on entendre des jugements de valeurs du type: « De toute façon, les jeunes... » ou « De toute façon, les vieux... »?
- *Turnover*: Le taux de départ volontaire (nombre de démissions et de mutations rapportées au nombre de départs) est-il proportionnellement plus important pour une classe d'âge?

III. CINQ LEVIERS POUR AMÉLIORER LA COOPÉRATION INTERGÉNÉRATIONNELLE

Les leviers que nous présentons ci-dessous constituent des pistes pour créer ou améliorer le fonctionnement intergénérationnel d'une entreprise. Comme nous l'avons évoqué précédemment, le contexte de chaque entreprise est spécifique. Ces leviers n'ont pas vocation à être appliqués de A à Z.

Après avoir présenté individuellement l'ensemble des leviers, nous proposerons un tableau synoptique des différents leviers de manière à offrir une vue d'ensemble. Certains peuvent sembler relever du détail, mais en matière d'intergénérationnel, les détails ont leur importance. L'idée est plus souvent de créer les conditions favorables à une rencontre que de tenter de l'imposer par des processus, ce qui nous semble voué à l'échec.

CONSEIL

Une erreur à éviter : le regroupement générationnel

Une entreprise de type start-up, fondée par plusieurs cadres expérimentés d'une grande entreprise de télécoms, a connu une forte croissance qui l'a incitée à recruter de nombreux jeunes diplômés. À leur arrivée, il a été décidé de leur dédier un espace en *open space* dans une aile des locaux de l'entreprise. De leur côté, les associés ont conservé leurs bureaux individuels traditionnels.

Après quelques semaines, les associés affichent leur déception, car ils trouvent régulièrement les jeunes « en pause » lorsqu'ils se rendent dans l'aile qui leur est réservée.

Notre lecture de la situation

En regroupant sur un même lieu physique tous les nouveaux embauchés, l'entreprise a créé elle-même une dynamique de cloisonnement. Ce cloisonnement a rendu plus difficile l'appropriation par les jeunes des différents projets, générant vraisemblablement un certain désengagement de leur part.

Une modification de l'agencement des locaux mettant fin au cloisonnement pourrait sans doute initier une nouvelle dynamique plus positive entre les jeunes et les associés fondateurs.

A. Présentation des différents leviers

Afin qu'ils puissent servir de « boîte à outils » pour les managers, nous présenterons chaque outil de manière séparée, en précisant, pour chacun d'entre eux, le principe, les contextes d'utilisation possibles et les conditions de réussite.

L'organisation physique des locaux de l'entreprise

De nombreuses informations se transmettent entre collaborateurs de manière informelle. Cette circulation de l'information, par « capillarité », est importante car elle facilite la découverte de l'autre et l'apprentissage mutuel.

▪ Le principe

Il s'agit d'organiser l'espace de travail de manière à favoriser les rencontres entre les différentes générations de l'entreprise et à éviter les phénomènes de cloisonnement. Concrètement, il s'agit de favoriser la communication et d'éviter que se créent des espaces dédiés aux jeunes et des espaces réservés aux anciens.

▪ Cas d'utilisation

Ce levier peut être utilisé quelque soit le contexte de l'entreprise. Toutefois, nous recommandons aux managers de l'utiliser avec prudence si le contexte est conflictuel. Ainsi, il peut s'avérer contre-productif de placer face à face des personnes en conflit ouvert.

▪ Les conditions de réussite

Deux conditions de réussite vont permettre d'optimiser l'efficacité du levier :

- **L'implication du manager** – Naturellement, jeunes et anciens ont parfois tendance à vouloir se regrouper entre eux. De notre point de vue, le manager ne doit pas hésiter à aller contre ces aspirations et à imposer une « mixité générationnelle » dans les locaux.
- **La définition de règles d'utilisation des espaces de travail** – Il arrive que des collaborateurs expérimentés soient gênés par des espaces de travail du type *open space* en raison du bruit ou de l'absence d'intimité. Une des façons de réduire ces désagréments est d'intégrer leurs remarques et de définir une règle d'utilisation des espaces de travail applicable et partagée par tous.

La sensibilisation et la formation des managers

Une idée reçue courante consiste à penser que la gestion de l'intergénérationnel s'effectue de manière spontanée et que les managers sauront naturellement gérer des équipes diverses en termes d'âge. Or, à défaut d'être sensibilisés à la diversité des âges, les managers de proximité vont avoir tendance à répliquer les modes de management qu'ils ont eux-même connus, sans prendre en considération les attentes spécifiques des seniors ou des jeunes collaborateurs.

La participation à une formation sur le management intergénérationnel peut être un moyen pour le manager de prendre du recul sur ses pratiques et de s'ouvrir à la diversité des attentes des collaborateurs.

▪ Le principe

Concrètement, il s'agit de former les managers de proximité à gérer la diversité des âges en leur donnant le « matériel » nécessaire :

- le contexte légal (emploi des seniors, non-discrimination, etc.) ;
- la spécificité des attentes des différentes générations vis-à-vis de l'entreprise ;
- les clés pour attirer et fidéliser les seniors et la génération Y ;
- les dispositifs permettant de créer du lien entre les générations (tutorat, mentorat, etc.) ;
- le rôle du manager et sa posture.

▪ Cas d'utilisation

Ce levier peut être utilisé quel que soit le contexte de l'entreprise, même si le niveau de coopération entre les générations est satisfaisant.

À l'image des formations au management « classiques », il est inutile d'attendre que se produise une difficulté pour se former. La formation des managers à l'intergénérationnel permet, à l'inverse, de diminuer le risque de conflit en donnant aux managers les clés pour les éviter.

▪ **Les conditions de réussite**

Trois conditions nous semblent indispensables pour assurer l'efficacité du levier :

- **Atteindre une « masse critique » de managers formés** – Pour faire évoluer les pratiques d'une organisation en profondeur et développer une nouvelle culture managériale, il est nécessaire qu'une partie significative de managers soit formée.
- **Faire le lien avec les politiques RH de l'entreprise** – Il est important de rattacher la formation de l'intergénérationnel aux politiques RH de l'entreprise (diversité, emploi des seniors, etc.) pour donner du sens aux managers formés.
- **Partir du vécu opérationnel des managers** – Une formation théorique ne nous paraît pas la meilleure option pour travailler sur le management intergénérationnel. Mieux vaut privilégier une approche basée sur des cas et des mises en situation qui s'inspire du quotidien des managers.

La création de binômes générationnels sur projet

C'est le principe du « management par la preuve ». Prôner un fonctionnement intergénérationnel est une chose, avoir des exemples de projets réussis et des « apôtres » pour les défendre en est une autre (voir encadré page suivante).

▪ **Le principe**

Le principe est très simple : il s'agit de créer, à l'occasion d'un projet, des binômes d'anciens et de jeunes collaborateurs qui n'ont peu ou pas travaillé ensemble. Une collaboration réussie constituera un précédent et contribuera à remettre en cause certaines idées reçues.

▪ **Cas d'utilisation**

Dans un contexte conflictuel, la réussite d'un tel projet pourra servir d'« exemple » et de « preuve » que l'on peut se « fier » ou « travailler avec le "clan" opposé ».

Dans un contexte de collaboration ou de coopération, la généralisation d'un tel dispositif est intéressante pour accélérer l'apprentissage et la diffusion de la culture d'entreprise. C'est également l'occasion de développer la capacité des collaborateurs à travailler avec des personnes ayant d'autres « référentiels » qu'eux, compétence fort utile dans des environnements interculturels.

CONSEIL

Le pari réussi d'une entreprise de service informatique

Une petite société de services informatiques à la moyenne d'âge très jeune ne comptait dans ses rangs qu'un seul senior. Sans réelle raison, ce collaborateur senior était souvent tenu à l'écart et la perspective de devoir travailler avec lui effrayait la plupart des jeunes informaticiens. Ces derniers n'entretenaient aucun préjugé vis-à-vis de son âge, mais s'imaginaient qu'il devait être difficile et moins plaisant de travailler à ses côtés.

Conscient de la situation, le responsable de l'entreprise a volontairement associé plusieurs jeunes avec ce senior à l'occasion d'un projet de développement informatique. Avec le temps, les appréhensions se sont envolées et les collaborateurs se sont réellement découverts. Une complicité s'est rapidement instaurée, à la grande surprise des autres jeunes informaticiens.

Avec le recul, ce projet a permis aux jeunes collaborateurs de réaliser qu'ils raisonnaient sur des idées reçues.

▪ Les conditions de réussite

Trois conditions nous semblent essentielles pour assurer la réussite de ce type de projet :

- **Des acteurs sans conflit d'intérêts** – Pour éviter des jeux d'acteurs, il est important de choisir des personnes qui n'entretiennent pas de rapport particulier entre eux (hiérarchie, concurrence, etc.).
- **Un choix attentif des premiers binômes** – Les premiers projets auront valeur de « preuve ». Il est donc essentiel qu'ils réussissent. En conséquence, nous recommandons aux managers

de commencer par mobiliser des collaborateurs relativement ouverts et sociables avant d'expérimenter avec des personnalités plus fortes.

- **Ne pas afficher l'objectif d'intergénérationnel** – Nous déconseillons aux managers, qui mettent en place de tels projets, d'afficher l'objectif d'intergénérationnel. De notre point de vue, il est plus facile d'utiliser *a posteriori* le succès d'un projet pour montrer que la mixité générationnelle peut être source de richesse. Dans un contexte de crise, l'exemple de ces projets réussis pourra servir à désarmer la critique du type : « Ils ne sont pas sérieux, on ne peut pas travailler avec eux. »

Le tutorat intergénérationnel

Nous l'avons précédemment évoqué, les entreprises vont connaître un important « chassé-croisé » générationnel au cours des prochaines années. En l'espace d'une décennie, ces dernières vont devoir gérer le départ des salariés issus de la génération du baby-boom et intégrer progressivement les membres de la génération Y.

La question du transfert des savoirs entre générations va prendre une importance considérable et milite pour que les entreprises mettent en place des dispositifs de tutorat intergénérationnel.

▪ Le principe

Le tutorat peut être défini comme « un ensemble de moyens, en particulier humains, mobilisés par une entreprise pour intégrer et former à partir de la situation de travail[1] ».

Classiquement le tutorat englobe cinq missions :

- l'accueil du jeune, son intégration ;
- l'organisation du parcours interne ;
- la formation ;
- l'évaluation des acquis ;
- la communication avec les acteurs de l'alternance (le cas échéant).

1. Christian Leborgne, *Vers l'entreprise tutrice*, Éditions Entente, 1992.

Le tutorat intergénérationnel reprend les champs d'activité classique du tutorat et ajoute deux éléments : l'attribution délibérée d'un tuteur senior et la possibilité d'un apprentissage à double sens. En clair, il s'agit de mettre en place des temps où le jeune peut, à son tour, accompagner son tuteur sur une dimension qu'il maîtrise (à l'exemple de l'utilisation d'Internet).

▪ **Cas d'utilisation**

Ce levier peut être utilisé quel que soit le contexte de l'entreprise. Dans un contexte favorable, l'entreprise pourra « institutionnaliser » ce type de dispositif.

▪ **Les conditions de réussite**

Trois conditions nous semblent impératives pour mettre en place des tutorats intergénérationnels :

- **Former les tuteurs** – Être tuteur ne s'improvise pas. Une des difficultés est de trouver l'équilibre entre une fonction de manager et de formateur, car le tutorat participe des deux dimensions. Une formation des futurs tuteurs les aidera à se positionner de ce point de vue.
- **Valoriser le tutorat** – L'organisation doit valoriser les participants du dispositif. Libérer du temps aux collaborateurs est un prérequis et non une reconnaissance de leur implication. L'entreprise augmente ses chances de succès en prévoyant différentes formes de reconnaissance (financière, évolution, etc.).
- **Le volontariat** – Tous les seniors ne sont pas destinés à faire du tutorat. Attention aux « volontaires désignés » et aux projections trop ambitieuses dans les accords seniors.

La convivialité

L'idée part d'un principe très simple : pour travailler ensemble efficacement, il est utile de se connaître.

L'organisation physique des locaux constitue, nous l'avons vu, une première piste pour inciter les collaborateurs à échanger, mais elle est insuffisante. En effet, la proximité entre les collaborateurs se développe souvent à l'occasion des phases de convivialité (pots, cafés, cantine, etc.) en dehors des phases de travail à proprement parler.

■ **Le principe**

Il s'agit pour le manager de provoquer la rencontre entre les générations à l'occasion des phases de convivialité. Le manager agit donc comme un facilitateur en invitant les jeunes et les anciens autour d'une même table. En « sponsorisant » ces moments de convivialité, le manager indique qu'il y accorde de l'importance et facilite la venue des collaborateurs.

■ **Cas d'utilisation**

Ce levier peut être utilisé quelque soit le contexte de l'entreprise.

■ **Les conditions de réussite**

Trois conditions nous semblent impératives pour mettre en place ce type de moments de convivialité :

- **S'adapter à la culture de l'entreprise** – Sous peine de « sonner faux », ces moments de convivialité doivent s'adapter à la culture de l'entreprise : « A-t-elle l'habitude d'organiser ce type de moments ? », « À quelle fréquence ? », etc.
- **Choisir les horaires avec attention** – Un moment de convivialité organisé après les heures de bureau pourra frustrer certains collaborateurs, qui auront l'impression que la démarche empiète sur leur temps libre. Cette remarque est d'autant plus vraie si le contexte de l'entreprise est conflictuel. Par ailleurs, en choisissant d'organiser un moment de convivialité pendant les horaires de travail, le manager montre qu'il accorde de l'importance à la démarche.
- **Ne pas imposer** – Si un collaborateur n'est pas à l'aise à l'idée de participer à ce type de moment, le manager ne doit pas le lui imposer. Une fois encore, la démarche intergénérationnelle consiste à créer des conditions favorables pour une rencontre et non à l'imposer.

B. La mise en œuvre des leviers

Comme nous l'avons montré précédemment, il existe une grande diversité de situations en matière de coopération générationnelle. Il est donc important de tenir compte du contexte spécifique de l'entreprise pour la mise en œuvre des différents leviers. Pour plus de lisibilité, nous reprendrons la typologie présentée dans la deuxième partie du chapitre qui distingue les situations de confrontation, de cohabitation et de collaboration.

À noter : si l'entreprise a pu réaliser en complément un audit de l'égalité des âges sur les principales décisions individualisées (rémunérations, primes, promotions, mobilité, formations, etc.), il sera intéressant d'ajouter aux leviers ci-dessous d'autres mesures plus précises pour assurer l'équité entre les générations.

<table>
<tr><th colspan="5">Utilisation des leviers en fonction des contextes d'entreprise</th></tr>
<tr><th colspan="2"></th><th>3.
Confrontation</th><th>2.
Cohabitation</th><th>1.
Collaboration</th></tr>
<tr><td colspan="2">Enjeux pour le manager</td><td>Donner envie aux différentes générations de travailler ensemble</td><td>Améliorer le fonctionnement intergénérationnel</td><td>Pérenniser</td></tr>
<tr><td rowspan="5">Leviers</td><td>Organisation des locaux</td><td>Mettre fin à la logique de « clans »</td><td>Faciliter la rencontre entre les générations</td><td>Conserver la dynamique d'ouverture</td></tr>
<tr><td>Formation des managers</td><td>Donner les clés aux managers pour résoudre les conflits</td><td>Améliorer l'attraction et la fidélisation
Prévenir les conflits</td><td rowspan="4">Capitaliser sur les dispositifs existants (ce qui fonctionne bien vs. ce qui peut être amélioré)
Continuer l'effort de sensibilisation pour faciliter l'intégration des nouveaux et prévenir les conflits</td></tr>
<tr><td>Binômes générationnels</td><td>Prouver qu'il est possible de travailler ensemble</td><td>Développer la capacité à travailler en intergénérationnel</td></tr>
<tr><td>Tutorat</td><td>Tester le dispositif et prouver son intérêt</td><td>Faciliter le transfert des savoirs et de la culture</td></tr>
<tr><td>Convivialité</td><td>Se rencontrer en terrain neutre</td><td>Mieux se connaître</td></tr>
</table>

Lexique

Cooptation – Méthode de recrutement consistant à capitaliser sur le carnet d'adresse des collaborateurs de l'entreprise. En pratique, les collaborateurs vont recommander des personnes de leur entourage et l'entreprise les rémunérera en retour si les candidat qu'ils ont proposé sont finalement recrutés.

Digital Migrants – On oppose classiquement les *Digital Natives* aux *Digital Migrants,* ou immigrants du numérique, qui n'ont pas grandi dans un univers numérique et l'ont découvert par la suite.

Digital Natives – Cette expression, pouvant se traduire par « natifs du numérique », désigne les personnes ayant grandi dans un environnement numérique avec la présence d'ordinateurs, de téléphones portables, d'Internet ou des baladeurs MP3. L'expression « *Digital Natives* » est également utilisée pour désigner les membres de la génération Y.

Effet d'âge – Cet effet établit un lien de causalité entre l'âge biologique d'une population et une variable donnée (consommation, goûts, préférences, etc.). Cette notion est souvent utilisée en marketing pour analyser les habitudes de consommation.

Effet de génération – L'effet de génération établit un lien de causalité entre le fait d'appartenir à une génération et une variable donnée. À l'inverse de l'effet d'âge, cet effet va subsister malgré le vieillissement de la population considérée.

E-réputation – Cette expression fait référence aux « traces » laissées par les individus sur le Web. En prenant connaissance de ces différents indices, les internautes vont se forger l'image d'une personne. Cette image constitue l'e-réputation, également appelée « réputation numérique ».

Génération – Initialement utilisée par les démographes et les sociologues, la notion de génération permet d'analyser des groupes d'individus nés sur des périodes proches. Le concept s'intéresse notamment au contexte technologique, politique, économique et sociétal dans lesquels « grandissent » ces groupes.

Intégration – Appliquée aux ressources humaines, l'intégration fait référence aux dispositifs mis en place pour l'accueil et l'intégration des nouveaux embauchés.

Marque employeur – Concept aux frontières du marketing et des ressources humaines, la marque employeur fait référence à la promotion par les entreprises de leur image dans le but de recruter et fidéliser.

Réseau social – Appliquée au domaine de l'Internet, l'expression désigne un site Web où des individus, mis en relation, peuvent partager des informations de toute nature (textes, photos, vidéos, etc.). On distingue classiquement les réseaux sociaux à vocation professionnelle – Viadeo, Linkedin – de ceux centrés sur vie la personnelle et les loisirs – Facebook, Myspace.

Serious game – Un *serious game,* ou jeux sérieux en français, est un dispositif qui s'appui sur des moyens ludiques (jeux vidéo, simulation) pour atteindre un objectif « sérieux » (recrutement, formation, marketing).

Storytelling – Il s'agit d'une méthode de communication basée sur le récit. Utilisé en politique et dans l'entreprise, le storytelling ambitionne de faire passer une idée en remplaçant l'argumentation logique par une histoire. Cette technique est également utilisée pour permettre le transfert de savoirs entre salariés expérimentés et jeunes diplômés.

Wiki – Un wiki est un site Web dont les pages sont modifiables par les visiteurs du site. Il permet ainsi l'écriture collaborative de documents. Wikipédia est, à ce jour, le wiki le plus populaire.

Index

P

Q

R

S

T

U

V

W

Z

Dans la collection Lire Agir,
en ressources humaines et management

Télétravail, salarié ou indépendant,
de Matthieu Billette de Villemeur

La Formation professionnelle : un outil vital pour l'avenir de votre entreprise,
de Catherine Blanchard

Prévenir le harcèlement moral et la soufffrance au travail,
de Marie-José Gava et Bernard Gbézo

Les Secrets du leader manager idéal,
de Slim Lambert

Manager son équipe au quotidien : 60 micro-outils pour réussir,
de Jacques Lemonnier

Les Objectifs individuels de performance,
de Jacques Lemonnier

Gérer et Négocier la contribution de chaque salarié,
de Jacques Lemonnier

L'Efficience managériale en 8 étapes,
de Daniel Ollivier

Les Risques du manager,
de Jean-Pierre Thiollet et Azad Kibarian

Achevé d'imprimer en septembre 2010 par EMD S.A.S. (France)
N° éditeur : 2010/566 - Dépôt légal : septembre 2010
N° d'imprimeur : 23793